思想家

UNREAD

田嶋先生に
人生救われた私が
フェミニズムを
語っていいですか！？

［日］田島阳子
［日］阿尔特西亚　著

马文赫 译

田岛老师救了我！
为什么我们需要女性主义

北京联合出版公司
Beijing United Publishing Co.,Ltd.

田岛老师救了我!
为什么我们需要女性主义

[日] 田岛阳子 阿尔特西亚 著
马文赫 译

图书在版编目(CIP)数据

田岛老师救了我!：为什么我们需要女性主义 / (日) 田岛阳子, (日) 阿尔特西亚著；马文赫译. -- 北京：北京联合出版公司, 2025. 3. -- ISBN 978-7-5596-8210-9
Ⅰ. D440-49
中国国家版本馆CIP数据核字第20251Y0C29号

TAJIMA SENSEI NI JINSEI SUKUWARETA WATASHI GA FEMINISM O KATATTE IIDESUKA!?
by Yoko Tajima and Artesia

TAJIMA SENSEI NI JINSEI SUKUWARETA WATASHI GA FEMINISM O KATATTE IIDESUKA!?
©Yoko Tajima and Artesia 2023
First published in Japan in 2023 by KADOKAWA CORPORATION, Tokyo.
Simplified Chinese translation rights arranged with KADOKAWA CORPORATION, Tokyo through TUTTLE-MORI AGENCY, INC., Tokyo.

Simplified Chinese copyright © 2025 by United Sky (Beijing) New Media Co., Ltd.

北京市版权局著作权合同登记号 图字：01-2025-0379 号

出品人	赵红仕
选题策划	联合天际·文艺生活工作室
责任编辑	牛炜征
特约编辑	邵嘉瑜
美术编辑	梁健平
封面设计	汐和 几迟 at compus studio

出　　版	北京联合出版公司
	北京市西城区德外街 83 号楼 9 层 100088
发　　行	未读(天津)文化传媒有限公司
印　　刷	北京雅图新世纪印刷科技有限公司
经　　销	新华书店
字　　数	230 千字
开　　本	880 毫米 ×1230 毫米　1/32　6.5 印张
版　　次	2025 年 3 月第 1 版　2025 年 3 月第 1 次印刷
ISBN	978-7-5596-8210-9
定　　价	58.00 元

关注未读好书

客服咨询

本书若有质量问题, 请与本公司图书销售中心联系调换
电话: (010) 52435752

未经书面许可, 不得以任何方式转载、复制、翻印本书部分或全部内容
版权所有, 侵权必究

目录

前言 1

第1章 被女性主义拯救了

女性主义曾是我活着的心灵支柱 11

母亲一边洗碗一边哭泣的身影 14

贤妻良母的诅咒 17

性别到底是什么？女性主义又是什么？ 22

电视就是扩音器 28

三十年前的预言完美命中 34

第1章 注释 36

第2章 想结婚，还是不想结婚呢？

"女人需要面包，男人需要内裤" 45

是否该废除配偶者控除制度？ 50

因为在赚钱，所以才能抱怨 54

并非一个人当顶梁柱，而是两个人都成为家庭支柱的婚姻 58

准确地找到践行男女平等的男人 62

从资本主义社会的家务劳动中解放 65

独立之后不再需要恋爱了 67

要逃离父母只能结婚吗？ 71

I

为什么没有变得"厌男"呢？　76

并非血缘或婚姻的羁绊　79

以前认为"女性是叛徒"　84

女性主义与女性朋友　86

第2章 注释　90

第3章 男女各自看到的景色差异太大了

网络上的女性抨击　97

如何向伴侣解释女性主义？　106

怎样对孩子进行性教育？　112

男性表露脆弱的时候　115

给男性也树立女性主义者的榜样　118

想变美的丈夫和不想脱毛的妻子　122

第3章 注释　125

第4章 活得辛苦不是我的错

重新审视家庭的存在形式　131

为了让生育变得更轻松的政治　132

性骚扰会阻碍女性的事业发展　137

我们难以生存是谁的错？　139

女性议员太少了　142

生活困苦并非自己的责任　148

第 4 章 注释 **152**

第 5 章 我们的愤怒已经到嗓子眼了

非学术的女性主义发声了 **161**

#MeToo 之后，最近的女性主义 **166**

每个人都有改变社会的力量 **169**

提高投票率的战斗 **174**

成立单一问题政党的作战 **176**

为了女性主义能向前发展 **179**

田岛老师与二阶堂富美的对谈太棒了 **183**

日本女性变得愤怒了（#我们太宽容了） **185**

第 5 章 注释 **190**

致田岛老师 **195**

田岛阳子的书 **199**

前言

"田岛阳子以前是被批判的吗?我完全不知道啊。"每次听到年轻人这么说,我都觉得能等到田岛阳子重新获得公正的评价真的太好了。

田岛老师如今已经 81 岁,还是很精神,感觉她能这样一直活到 200 岁呢。虽然我在对谈中说"希望您能活到 200 岁"时,她说"此等大事还容我拒绝",但我还是希望她能像象龟一样长寿。

我出生于 1976 年,在我还是孩子的时候,她就在电视上非常活跃,是日本最有名的女性主义者,也是被抨击最多的女性主义者。即使被世人和媒体嘲笑,她仍然为推进女权运动而不停战斗。现在的年轻人对此一无所知。我们在 20 多岁的女性群体中做了调查,得到了这样的回答:

"《说到这里委员会 NP》[1]不在关东地区播放,我们根本就没有认识田岛老师的机会。"

"我真正了解田岛老师是在杂志 Etcetera VOL.2[2] 出版之后。

---

[1] 详见第 1 章注释 24。本书脚注如无特殊说明均为编者或译者注。
[2] 详见第 1 章注释 23。

我读了之后才知道，原来在我出生前，田岛老师就非常红，并且受到过那么多抨击。"

"我读了她和二阶堂富美的对谈[3]以后感觉很震撼，才知道原来在日本也有这么帅气的女性主义者！"

我希望她们能再多去了解了解田岛老师。我希望可以通过这个对谈，向大家讲述我的人生是如何被田岛阳子拯救的。

虽然对如今的我来说已是恍如隔世般遥远的回忆，但高中时从电视上听到她说的那些话记忆犹新。

> 之前罗马发生的强奸案也是如此。大家都责怪女大学生，说她们警惕性太低了。但是，就算户主没锁门，难道就可以去别人家里偷东西吗？不管怎么说都是小偷的错吧？该被责备的不是忘记锁门的人，而是小偷吧？

在三十年前的日本，就已经有这种对受害者的"二次强奸"感到愤怒的女性了。如果不是她这番话，我大概也会被"遭受性侵害都是女人的错"这种观念洗脑。

---

[3] 二阶堂富美是日本著名女演员。此处的对谈指 2022 年 5 月和 6 月刊登在 *Focus On*（《聚焦》）杂志上的对谈。

田岛老师在她的著作《女人因爱而愚蠢》中这样写道：

> 以媒体为首，社会舆论都在指责女大学生"是追随男人的女人的错"。就连被强奸的女大学生的母亲也斥责女儿："都是因为你太放松警惕了，才会落得这种下场。"我在电视节目和杂志上都反驳了这一点。（略）后来我才知道，好像那位母亲从电视上听到我的想法后知道自己错了，向女儿道歉了。

在二十多年以后的 2018 年，记者伊藤诗织[4]还收到了那起事件的受害者寄去的应援信。由田岛老师传递的女性主义接力棒，交到了一代又一代女性的手里。

在十几岁的我看来，田岛阳子基本就是艺人。当时还是没有网络的时代，所以我那时并不知道她写过一本非常优秀的女性主义著作。

在对谈中我也提到过，刚入职的时候，我在公司前辈推荐下读了田岛老师的书。我很庆幸前辈推荐的是田岛老师的书，真的非

---

[4] 日本第一个公开姓名和长相起诉性侵者的受害人，遭受了巨大的舆论压力，经过长达四年的调查审理，于 2019 年胜诉。

常有趣。田岛老师用自己的语言,从自己的体验出发讲述了女性主义。如果那个时候,我没有感觉到"女性主义真是太有趣了",而是觉得"这些内容有点难,还很无聊",我可能就不会成为女性主义者了。

当时读了《已经不能再做"女人"了》这本书中一篇题为《夺回自己的脚》的随笔,吓了一跳,忍不住发出"你是我肚子里的蛔虫吗?!"的感慨。前几天我和一个20多岁的女孩讲起"学生时代,会把信放进喜欢的前辈的鞋柜里……",结果她居然问我:"你们那会儿是穿木屐上学的吗?"我当然不是穿木屐上学的。但田岛老师的童年似乎是穿着木屐度过的,因此脚变得很大,选鞋子也费劲。看到这段描写,作为一个拥有25.5厘米大脚的人,我不禁拍着自己的大腿直呼:"我太懂了!"

> 所谓"女人",就是娇小的女人、精致的女人、完全被掌握在男人手中的女人,像小猫小狗一样,在男人想宠爱时能够随心所欲地宠爱的女人。是穿着高跟鞋战战兢兢地走路的女人,稍微推一把就会靠过来的女人,依赖男人的女人,不断让男人产生优越感的女人,让男人想要保护的女人。是作为接受保护的回报,命令她去放洗澡水、做饭、拿报纸,她就会像接到指令去捡棍子的狗一样马上准备好的女人。男人可以随心所欲地

对待的女人，也就是可以支配的女人，这样的女人对男人来说才是"女人"，是可以穿上灰姑娘的水晶鞋的女人。高跟鞋可以说是这种"女人"的象征。女人"小"就意味着容易被宠爱，换句话说就是容易被支配。保护是为了将这种支配正当化的权宜之计。

读到这一段的时候，我觉得长久以来堵在自己心里的苦闷被清晰地用语言表达出来了，心情一下舒畅了很多。当然，田岛老师想说的并不是"女人都不许穿高跟鞋"，而是"不要让男人随心所欲地给女人缠足"。在以前的对谈中她也说过："想穿高跟鞋的话就穿好了。但是，如果觉得辛苦也可以不穿。拥有这种自由是非常重要的。"

田岛老师在40岁以后，才终于找到适合自己的脚的黄色鞋子。她曾在文章里写到，只要穿上那双鞋，无论走多远都轻轻松松，肠道蠕动也变得活跃，甚至会走着走着突然"噗"的一声放个屁出来。20多岁的我读到这段的时候被逗笑了，但40多岁的我则会严肃地表示"我懂"，并对此深有共鸣。到了这个年纪，全身的"垫片"都松了，所以时常会突然放屁，甚至有时会带出来大便，吓自己一跳。虽然这种肉体的SF[5]（有点不可思议）现象令人困惑，但我

---

[5] 原文为"すこしふしぎ"（Sukoshi Fushigi）。

并不惧怕年龄的增长，这都是因为有田岛老师这样优秀的前辈。

毒舌的朋友说这双黄色的鞋是咖喱饭的颜色，还有人说是大便的颜色。仔细想想，最后那个比喻是很正确的。扔掉了高跟鞋，不再穿"小"女鞋之后，我终于选择接受了这样的现实，因此将自己从长久以来的自我分裂中解放了出来，结束了人生的便秘。

大便不是茶色的吗？我一边这么想着，一边对这个便秘的比喻拍案叫绝。田岛老师说："对我来说，写书就是一种自我咨询。"而我读了她创造的语言之后，就像排出了多年的宿便一样，心情舒畅。

另外，我的父母都是非正常死亡、以遗体的方式被发现的，因为与女性主义邂逅，我才得以理解父母的人生，并得到救赎。能有机会向成就邂逅契机的田岛老师本人直接表达感谢，真是太好了。

在本书中，明明很认真却总被质疑"在开玩笑吧？"的我，和明明没生气却总被说"生气了"的田岛老师，进行了畅快淋漓的女性主义对谈。我对曾经因为受到暴风雨般的批判而躲进深山里的老前辈说了"简直像山姥[6]一样!"这种话,自己都惊讶于自己的口无遮拦。但田岛老师还是对我说了很多鼓励的话。我想这些话也一定能够激励各位读者。

我在对谈中说"老师能活到现在真是太好了",这是我的肺腑之言。"胡搅蛮缠的女人"的鼻祖还活着,而且现在仍在充满活力地哈哈大笑着,对地狱日本(*1)充满愤怒,真是太好了。

希望大家也能笑着,愤怒着,和我们一起享受这场对谈。

前言注释[7]

*1 **地狱日本(ヘルジャパン)** 阿尔特西亚经常用的词,意为"充满地狱气息的日本"。

---

[6] 日本民间传说中的一种怪物,往往以"住在山里的老婆婆"形象出现。
[7] 各章后的名词解释为原书自带。

第 1 章
被女性主义拯救了

女性主义曾是我活着的心灵支柱

阿尔特西亚（下文简称"阿尔"）：正如田岛老师一直以来在文章中写的那样，女性主义并非离我们很远的学问，而是与我们的日常生活和人生有直接关系的东西，是很有用的东西，能就此和您尽情地聊一聊，我觉得非常开心。作为田岛老师的粉丝代表，想听您讲讲发展至今的女性主义，也想就如今现实中的女性主义和您聊聊我的看法，并且希望听听您的意见！

田岛　好，我会努力讲讲的。

阿尔　我是即使很认真，也会被人问"你在开玩笑吧？"的人，所以如果说了什么失礼的话，请您见谅。我先把道歉的话说在最前面。

田岛　我也是经常明明没生气却被人说我生气了，希望你别被我吓到。小时候，因为父母和老师都不听我说话，所以我说话的声音变得越来越大。不过，好处就是在我当老师的时候，即使是在能容纳一千人的教室讲课，也不需要戴麦克风，非常方便。

阿尔　真是惊人的音量啊！我想就是因为能发出这么大音量的女性很少，所以在20世纪90年代田岛老师才拥有那么高的人气。首先，我想聊聊我知道田岛老师的契机。2000年的时候，我刚刚入职公司不久，有位在美国学习了女性主义的公司前辈向我介绍了田岛老师的书。这就是我与女性主义的相遇。

田岛 哦，当时读的是哪本书呢？

阿尔 《已经不能再做"女人"了》[*1]。

田岛 你最先读的是这本吗？这是一本从女性主义的角度看《雪国》和《卡门》的书。这本书完全卖不出去呢。其实内容很有趣。（笑）

阿尔 原来完全卖不出去啊。（笑）明明那么有趣。

田岛 是的，我想可能是很多女人都因为"男人是王侯贵族，而女人是奴隶"这句话而感觉自尊心受到伤害了吧。

阿尔 但这种表达不是非常简洁明了吗？说起田岛老师的名言，还有"洞和袋"[*2]啦，"女人需要面包，男人需要内裤"[*3]，等等，都是非常简洁有力的表达，我想应该有很多人都很受触动吧。

田岛 是吗？虽然有表示自己很受触动的人，但反对的人也很多。

阿尔 以前[*4]我也和您讲过，我妈妈曾是个非常漂亮的女人。她在23岁时成了家庭主妇，40岁时丈夫提出离婚，从此开始酗酒和自残。初中时，我总在想"妈妈，你要靠自己的力量站起来啊"。但长大后接触了女性主义，我才意识到母亲已经被剥夺了依靠自己的力量站起来的能力。

田岛 如果是你母亲年轻时的那个年代,我想她是被剥夺了自我决定权。

阿尔 对1950年出生的母亲来说,除了结婚,让丈夫养着自己,没有其他选项。之后,母亲得了厌食症,50多岁就去世了。在发现母亲尸体的那间屋子里,墙上挂着很多20多岁的辣妹会穿的衣服。母亲是在"年轻美丽的女人被男人选中就是最好的结局"这种性别诅咒中死去的。

田岛 你父亲是什么样的人呢?

阿尔 父亲是一个生意人家庭的少爷。他是一个像"浪速的石原慎太郎[*5]"一样深中男子气概的诅咒,如同父权家长制毒瘤一般的人物。他是个对家庭漠不关心的工作狂,因为生意不顺利,自杀了。

田岛 你父亲也是"男人应该强大""赚不到钱就不配做男人"等所谓"男人味"性别诅咒的受害者。

阿尔 我想是因为这个,我没能向任何人求助。我在30多岁的时候失去了母亲,40多岁的时候失去了父亲,但因为我学习了女性主义,所以理解了父母死亡的根源,获得了救赎。如果不了解女性主义的话,我一定会认为"父母不爱我,都是我的错""父母以那样的方式死去,可能是我的错",并为此自责和痛苦。不管怎么说，我都是被有毒的父母养大的，所以从小我的自尊心就被压抑得毫无生气。20多岁的时候，又在兼具性骚扰和权力骚扰的职场中工作，感觉自己奄奄一息。但是在接触女性主义之后，我意识到"我生气是对的"，这个发现让我情不自禁地高呼"尤利卡！[*6]"。

田岛　太好了！你找回了自尊心呢。

阿尔　我意识到错的不是我，而是踩我脚的人；也能够发出"很疼啊，不要踩我的脚了"这样的抗议了。因此对我来说，女性主义就是我"活着的心灵支柱"。对让我接触到女性主义的田岛老师，我真的不知如何表达我的感谢！

田岛　我也要谢谢你的心意。能有你这样理解我的知音，是多么可贵的事啊。

阿尔　我希望您能活到200岁！

田岛　此等大事还容我拒绝。（笑）

母亲一边洗碗一边哭泣的身影

阿尔　您下决心要活到92岁对吧？

田岛　是的。我46岁时第一次对母亲说了"不"。摆脱了与母亲的痛苦关系，真正意义上自立是在46岁。在此之前，我的

心情从来没有自由过。想起来就觉得很懊恼，所以我要活到92岁。现在我已经81岁了，还差11年啊……（笑）

阿尔 请一定努力长寿。（合掌）为什么在46岁之前都没能对母亲说"不"呢？

田岛 我想是因为母亲就是有那么强的压迫感吧。现在回想起来，母亲就是这个社会本身。

阿尔 就是说"母亲＝社会""母亲＝男权社会"。

田岛 没错，母亲对社会上的陈词滥调全盘相信，并且企图把这种观念强加于我。她用"你要有个女人样儿""没有女人味的话，没人愿意娶你当老婆的"这些话来威胁我。母亲就是社会的走狗，她拼命想把我培养成一个能在男权社会中轻松生存的女人。所以晚上睡觉被梦魇住的时候，总觉得胸口上压着一个地球仪一样的东西，让我很痛苦。

阿尔 在《以爱为名的支配》[*7]一书中，您写过一篇《"母性"是男权社会唯一承认的女性权利》[*8]。您母亲也是这个只允许女性拥有"母性"的父权家长制的受害者。

田岛 是的。但是，那种"母性"的本质也有为男权社会服务的成分，至于能不能自由地养育孩子，说到底，女人只能按照男权社会的期望，协助男性去生育和培养他们所期望的人。母亲如果不把女儿培养成这个社会喜欢的"有女人味的女人"，

阿尔　所以，田岛老师的母亲也是以让您成为"有女人味的女人""贤惠的好妻子"为目标去养育您的吧。

田岛　我在《以爱为名的支配》中也写了，母亲一直饱受女人味的诅咒。我母亲从我小的时候开始身体就不好，她身体好一点的时候就会站在厨房里洗碗。那个时候她边洗边哭着说："为什么只有妈妈才必须摸碗的屁股呢？"

阿尔　您母亲应该也多少察觉到了社会对女性的压迫吧。

田岛　我当时才 10 岁，一个 10 岁的女孩子完全被社会的约定俗成所影响，心想"妈妈就是要洗碗的吧"，不明白妈妈为什么会哭。但妈妈哭了这件事，对孩子来说是天翻地覆一般了不得的大事。

阿尔　就像哥白尼[*9]的发现一样。

田岛　那个强大的妈妈，却会因为"不想洗碗"而哭泣，这是我的女性主义觉醒的原点。我一直抱着对它的疑问生活着。

阿尔　您母亲一边说着"不想洗碗"，一边却要求女儿成为"像女人的女人"。

田岛　没错。妈妈虽然有自我，却没有将其与女性主义联系起来。因为她没有接受过这种教育。战争时期，妈妈被疏散到外地，只能靠人施舍活着，这对她来说是一种耻辱，所以她跟我说："一定要成为一个自立的女人。"但她同时又说，"要做个有女人味的女孩，做个好媳妇。"我当时什么都不懂，只觉得痛苦，现在回想起来，那感觉就像绿灯和红灯同时亮起一样。

阿尔 一边前进一边被阻拦，这种难题即使是一休[8]也解决不了。现代女性也因为"在社会上保持活跃、光彩照人的同时，也必须结婚生育照顾家庭"这个无解的难题而苦不堪言。

贤妻良母的诅咒

阿尔 刚结婚的时候，有一次我婆婆带了葡萄来我们家，为了给我丈夫吃，她竟然开始替他剥葡萄皮。我当时很震惊，我想他已经不是婴儿了吧？

田岛 哈哈，不过，那是因为你婆婆那代人只会像这样扮演"良母"的角色。

阿尔 我跟我婆婆说"以后请不要再买葡萄来了"，对她下了葡萄禁止令。

---

[8] 日本历史人物一休宗纯禅师，在佛学、诗歌、书法领域均有较高成就。以他的童年为原型的动画片《聪明的一休》曾风靡中日两国，一休也成了聪明人的代名词。

田岛　你这么说了？真厉害啊。（笑）

阿尔　80多岁的婆婆总是一边抱怨"哎呀——忙死了忙死了"，一边干着类似剥葡萄皮这种不干也行的事。我丈夫并没有强求我要有女人味或者扮演好妻子，所以我和他在一起，感觉他是非常气味相投的搭档。但是，结婚以后就开始让人烦躁了。比如，我丈夫的牙刷简直惨不忍睹。刷毛乱七八糟，让人忍不住疑惑"到底是拿它刷什么了啊"。这大概也是因为，他单身的时候都是他母亲给他换的牙刷。我觉得很无语，为什么我还必须教他"牙刷需要一个月换一回哦"这种事啊。但如果指责经历了战争的婆婆"像你这样的母亲就会把儿子养成废物"，也太过分了。

田岛　这是一个贤妻良母会剥夺儿子生活自理能力的典型例子。

阿尔　这样一来，什么都不会做的男性只能让妻子和周围的女性来替他擦屁股，而生活无法自理的男性会被抛弃，最后孤独终老，变成渗入榻榻米里的污渍……这样的事也是有可能发生的。发现我父亲遗书的那个房间就是垃圾房的状态。有数据显示，没有配偶的男性，也就是没有女性照顾的男性，会因健康受损而早死，我父亲就是例子。

田岛　要我说的话，说到底，就是以前的男人打从心底里瞧不起女人。之所以会这样，是因为那些被迫充当贤妻良母、扮演妻子和母亲角色的女人，既没有经济能力，也没有地位和财产。而且，作为媳妇儿嫁过来，同时就意味着从自己家被赶出来。

阿尔　女人没有容身之处，除了丈夫这里无处可去。因为丈夫掌握着生杀予夺的大权，所以她们被洗脑了，就像得了斯德哥尔摩综合征[*10]一样，不管丈夫对自己多过分，也要爱他，竭尽所能为他奉献。

田岛　所以在父权家长制的社会里，女人永远是孤独的。一旦被原生家庭赶出家门，能接受自己的就只有丈夫了。丈夫受全权委托接管了妻子，因此他们要把妻子煮着吃还是烤着吃，也都是他们的自由。所以，要么像你母亲那样成为能刺激男人性欲的年轻性感的女人，要么像你婆婆那样成为连给儿子剥葡萄这种小事都要管的没有自我的女人，这是女人唯一的生存之路。

阿尔　完全可以用"洞或袋或 DIE"来概括了。古时候男人只把女人看作洞或育儿袋，并不当人类看待，所以会无意识地轻蔑女性。恐怕很多男性都对此毫无自觉。而且，因为有那种说什么"没有啊，我很喜欢女人啊"的大叔，更让人感觉不知所措。

田岛　男人认为"女人就是用来解决性需求的洞"。他们要是带女性去高级餐厅，就觉得对方应该和他上床，如果对方拒绝，他们就会暴怒。

阿尔 时至今日，依然有很多男性认为请客或送礼理应换来性爱。所以自顾自地请客，提出上床的要求又被对方拒绝以后，他们就会很不高兴。他们的想法是"明明只是个洞还敢拒绝我"。

田岛 没错，他们不认为女性有拒绝的选项。"明明都请客了，明明都送礼物了，为什么还不同意上床啊？你们不就是为了给男人解决性需求的洞吗？"

阿尔 有厌女症（misogyny）[*11]的男性或者有暴力倾向的丈夫，都理所当然地认为女性是男性可以随意支配的所有物。因此，当女性没有按照他们的意志行事时，他们反而会觉得"我的权利被侵犯了！"，进而产生受害者意识。

田岛 男性从一开始就没有把女性当人，而只是当作装腔作势的"女的"罢了。虽然自己同时是装腔作势的"男的"和"人"，但他们并不认为女性是和自己一样的人类。

阿尔 所以必须得和他们好好说明"虽然你好像不知道，但女人也是人哦"才行。女人并不是要求男人优待女人或者给予特别对待，只是想跟他们说"请把我当人来对待"。我们想说的是，我们并不是满足男性性欲的工具，也不是为了给男性留种的机器，更不是照顾男人起居的机器人。

田岛 就像你常说的那样，结了婚的女人要背负的保姆、幼师、护士、护工、娼妇五种职责全部都在"女人味"的范畴里，但那终究是男权社会强加给女性的贤妻良母这个角色的要求，并非自己选择的人生。

阿尔 如果要请人去完成这五种角色的工作，估计得花上一百万日元，而女性却被要求免费做这些工作，完全被困在名为家庭的牢笼里无法逃脱。即使被丈夫以"你以为是谁让你有口饭吃的！"为由殴打，也只能忍耐。

田岛 因为结了婚成了家庭主妇以后，就被剥夺了经济能力，无法一个人生存下去，只能听从对方。简直就是奴隶。法国作家贝诺尔特·克鲁尔（Benoîte Groult）说过，"女人是最后的殖民地"。

阿尔 我虽然不喜欢母亲，但我现在明白了母亲也是受害者。被剥夺经济能力、剥夺行走的双脚，被关进"父权家长制"这个牢笼的母亲的痛苦，就是全体女性的痛苦。

田岛 没错，所有女性都是男权社会的受害者。

阿尔 尽管如此，女性之间却无法互相理解。母亲对女儿说："你不能成为奴隶，要离开这个牢笼。"但当女儿有了工作自立了以后，母亲又对女儿说："如果你只顾着工作就结不了婚。""我也差不多到了想要外孙的年纪了。"给她们施加压力。

田岛 虽然自己过得很辛苦,但因为世间所认同的女性的生存方式只有结婚,于是她们为了迎合这个标准,就去劝女儿结婚。

阿尔 如果女儿不结婚生子,她们就会感觉自己的人生被否定了。母亲和女儿是具有不同人格的人,却不知道分界线在哪儿。从小被教育"一定要从牢笼里逃出去",长大以后又被要求"果然还是得回到牢笼里来",到底要怎样啊?!作为女儿会对此感到非常混乱。

田岛 简直就是让红灯和绿灯同时亮起的两难境地(Double Bind)[*12]。

性别到底是什么?女性主义又是什么?

阿尔 我大概从十二年前开始就向出版社提议"想写关于女性主义的书",但被对方以"那种书卖不动"为由干脆地拒绝了。但是最近几年,我收到了很多针对女性主义或性别问题进行写作、采访、演讲的邀约,也切实感受到了越来越多的人和组织开始抱有"现在是不能不了解性别问题的时代了"的危机感。前几天我去一所很有名的男校讲课,男生们都非常投入地听我讲,休息时间都围过来问问题。

田岛　真是所不错的男校啊。

阿尔　拥有了这本书的读者，其中有些人可能不太了解性别问题和女性主义，所以请允许我介绍一下我一直在说的内容。

田岛　嗯，拜托你了。

阿尔　有点紧张啊。（笑）首先，我们与生俱来的生理性别被称为 sex，由社会文化造成的性别差异被称为 gender。所谓的性别偏见（对性别差异的固定观念和偏见），简单来说就是"要有男人味/女人味""男人/女人应该是这样的"等类似"模板"的东西。在这种刻板的社会里，不符合模板的人会被人抨击"明明是男人/女人"却如何如何。比如"一个女人连做饭都不会""赚不到大钱，真是没资格当男人"。在这样的世界上活着很辛苦对吧？因此，我们要消除性别偏见和压迫，让社会成为每个人都能自由自在生活的社会。

田岛　是的，要有男人味/女人味这种强制的刻板要求，最终制造了男女之间的差距。

阿尔　不管是男人、女人还是其他什么性别，我们应该把每个人都当成不同的独立的"人"来看待。比如，我之前听人讲过，喜欢粉色的儿子穿了粉色衣服去上幼儿园，结果因为别人跟他说"明明是男孩还穿粉色，太奇怪了"，哭着回家了。我们要的不是粗暴地只用"女孩＝粉色，男孩＝蓝色"两种颜色区分，而是能让黄色、绿色、橙色、品红、墨绿等各种颜色都能存在的多彩的社会，是认同"每个人都不同是理所当然的"这一点是理所当然的社会。追求建立一个谁也不会被排挤、所有人都能共生的社会，这才是女性主义。我希望能向大家说明这一点。

田岛 正是如此。要允许不同的个性。我们应该尊重彼此。

阿尔 我讲完这段话以后，有个高中男生问了我一个很好的问题："也有希望自己有男人味的男性吧，这样的男性会不会觉得自己被否定了呢？"

田岛 真是个好问题。因为很容易这样被误解。

阿尔 虽然很容易被误解，但女性主义并不是要否定个人的生活方式或选择。相反，女性主义是一种引导我们去尊重个人选择的思考方式。比如，男孩可以喜欢投接球，也可以喜欢用娃娃玩游戏。想化妆和脱毛的女性大可以去做，而不想做这些的女性可以不做。每个人都可以选择自己喜欢的东西，而不被"男性/女性就应该做/不应该做"这种刻板要求所裹挟，这样的社会才是我们追求的目标。

田岛 旨在建立一个每个人都能不被男人味和女人味所束缚，自由地做出最适合自己选择的社会，这就是女性主义。

阿尔 还有，说到底什么才是所谓的"男人味"？像是有力量、抗打击能力强、有胆识、有领导力、可以清晰地表达意见……这些都是和性别无关的人类的优点吧。但是将这些优点囊括进"男人味"的概念，就会让不具备这些的男性被揶揄"这样也算男人""娘娘腔""像个娘儿们似的"而被排挤。同时，有力量的女孩会被揶揄"明明是个女孩，精力也太旺盛了吧"，清晰地表达自己意见的女性会因为"明明是女人却这么强势"而被排挤。

田岛 只从好的方面来看，"男人味"集中了人类所有最优秀的资质。有领导能力、理性、头脑聪明等。"男人味"是独立的人的特性，实际上，那些独立的女性都是很有"男人味"的。另外，"女人味"的特质都是"为了让谁感觉更好而奉献自己"。比如"体贴"或者"看眼色"等，都是一些和对方有关的词语对吧。应该停止只要求女人拥有"女人味"了。确实，为对方着想是件很好的事，但不能只把这些强加给女人。女人如果只专注于活出"女人味"，就很难成为一个自立、独当一面的人。

阿尔 "女孩要端庄"这句话也会成为要求"女人不要张扬，不要引人注目，要懂事"的诅咒。虽然也有人说"可以不用在意这些细节"，但语言可以创造文化。所以我不会说"女子力强""有男子气概"之类的话，而是用"很有两下子嘛"这样直接的夸奖。之前有个初中男生对我说："我喜欢做点心，但不喜欢别人说我女子力强。"因为不喜欢被人这样说，他可能会放弃做点心。相反，如果被人称赞"真好吃""真厉害"，也许他就能更积极地提高自己的才能。不仅是女孩，男孩也会被这些刻板印象折断翅膀。

田岛 没错，男孩中也有因为"男人味"而倍感压抑的人。所以，不要勉强自己变得有男子气概就好了。做自己就OK。如果觉得自己有不足的地方，那就针对那些不足去提升自己。原来你在给初高中生上这样的课啊。真好。

阿尔 男孩们好像意识到了"哦——女性主义能让男性也活得更轻松啊！"这个特别的点。还有，即使和初高中生讲对女性的歧视，他们也很难理解。如果从不同领域来看性别差距指数[*13]，日本在教育和健康这两项的得分都是很优秀的（146个国家中，教育是第1名，健康是第63名），但政治和经济的得分低得不得了（政治是第139名，经济是第121名）。

田岛 在社会规则的制定一侧，占据拥有决定权位置的女性太少了。

阿尔 所以，虽然我在学生时代没有感受到什么对女性的歧视，但出社会以后，经历了男尊女卑的现实的毒打，我意识到"这个世界就是地狱"。对女孩来说尤其如此。

田岛 很多事情如果不进入社会工作的话，就发现不了。在结婚生育后因为遭遇歧视而碰壁的好像格外多呢。

阿尔 就是啊。所以有很多年轻人都觉得"现在哪儿还有女性歧视啊？只是女性主义者在胡闹罢了"。我给初高中生上课时，很多学生都会跟我反馈自己"对女性主义的印象改变了"的感想。当我听到有学生说，"对女性主义者的印象一直是'只知道抱怨并且厌男的过激女性'，但是现在反省了自己以前因为不了解而误解她们的行为"时，我真的感觉死也瞑目了……忍不住流下了感动的泪。

田岛 现在瞑目还太早了吧。（笑）

阿尔 女性主义者长久以来总是被贴上"男人的敌人""厌男"的标签，但女性主义者真正的敌人是Sexist(性别歧视主义者)。女性主义者憎恨的不是男性，而是性别歧视和性别暴力，是造成性别歧视和性别暴力的社会结构以及建立它的人。我一直在向学生们解释这些。

田岛 正是如此。你解释得很到位嘛。

阿尔 得到您的夸奖真是受宠若惊，教给我女性主义的正是田岛老师您哦。（笑）

田岛老师救了我

电视就是扩音器

阿尔　田岛老师您通过上电视，把女性主义传播给了很多人。能请您再谈谈您上电视的背景吗？

田岛　我在法政大学任职时，有一位同事驹尺喜美(*14)女士，是我非常尊敬的女性主义者，我们当时总是一起琢磨要怎么做才能更广泛地传播女性主义。就算写了女性主义的书，学者的书也就能卖两千本左右。即使在大学里授课，也只有三十人左右的研究小组，尽管如果在大教室里讲课，也会有来一千人的时候，但人数还是太少了。因此我甚至提出干脆和驹尺老师一起去说相声好了。（笑）

阿尔　就像阿佐谷姐妹(*15)那样。（笑）

田岛　我们这样聊着聊着，就碰到了一个去"花婿学校"(*16)讲课的机会。从婚姻介绍所过来的男职员们吵着说"找不到老婆"，驹尺和我就给他们讲课，说"今后男人不改变的话就结不了婚，要好好思考思考"。《东京新闻》的记者来上了五次我的课，之后写了一篇报道，《笑一笑又何妨》(*17)的工作人员好像读了那篇报道，之后我就收到了节目组的邀约，于是我第一次出演了电视节目。其实之前我在NHK(日本放送协会)的"英语会话Ⅱ"节目还当过讲师。

阿尔　因为完全不看电视，所以您也不知道《森田一义[*18]是谁?》这个节目吧？

田岛　是的。（笑）他管小内小南[*19]叫"小粪小南"，管笑福亭鹤瓶[*20]也叫"鹤兵卫"。别人笑了我也不知道到底在笑什么，我就是在这种状态下把节目录完的。结果，本来时长一个小时的节目里有四个栏目，回过神来才发现我一个人把一个小时全用完了。

阿尔　鹤瓶先生对老师讲的东西大加赞赏，还说"一位新星诞生了"。

田岛　我和驹尺女士两个人一直在说"对于已经根深蒂固的针对女性的歧视，就算我们在NHK的教育节目上讲一讲，或者写本书也无济于事，只有用插科打诨的方式才能向世人传播"。就在我们这样讨论的时候，偶然接到了上电视节目的邀请。

阿尔　这就是"电视就是扩音器"背后的故事吧。

田岛　没错，我记忆特别深刻。《TV擒抱》[*21]在"收视率1%就有100万观众"的时代曾有过20%的收视率。但是真正开始出演电视节目以后感觉真的很不容易。我的性格、形象和所谓的女人味相去甚远。只有一开始去参加的《笑一笑又何妨》大家都很开心，之后就很辛苦了。总是会被人打断，经常是想说的话到最后没能说出口。但是驹尺女士说："一次只说一件事（想传达的事情），这样分一百次说完就可以了。"

阿尔 事实上的确出演了一百多次电视节目。

田岛 但是每次都想不到自己发言之后，会被那么强烈地群起而攻之。

阿尔 当时的电视行业，是比现在更过分的男权社会吧。

田岛 男人们完全不听我说话。男人们都觉得跟我对质可以为自己吸引更多粉丝，觉得像我这样的人只要干掉就可以了。女人也讨厌我，女演员们觉得和我说话就会被男人讨厌，所以在走廊和我擦肩而过时，大家都会别过头去。

阿尔 但十几岁的我却对您怀着无与伦比的憧憬，觉得"还有会说这种话的人啊……战斗的女人，太帅了！"。那些女人到底是不是真的讨厌田岛老师呢？

田岛 那个年代没办法公开表示喜欢我这样的人，但私下经常有人来跟我说"其实我是你的粉丝，我会为你加油的"。

阿尔 就像隐匿基督徒[*22]一样。知道田岛老师的人都会异口同声地说"总之那个人心思很细腻"，在 *Etcetera VOL 2*[*23] 中也有人写到这一点。在不停地上电视然后被抨击的那段时间，（听说您）胃疼得只能喝粥。

田岛 工作结束之后，我就躲进山里了。

第 1 章 被女性主义拯救了

阿尔 明明受到了这么多伤害，作为女性主义者一直被当成众矢之的，但您现在不是依然在保守色彩强烈的《说到这里委员会NP》[*24]中作为常设嘉宾出演嘛。您为什么要上那个节目呢？

田岛 和一直出演《TV擒抱》的原因一样。之前也有过在大阪录制《说到这里委员会NP》的时候实在太生气，中途离席直接回家的情况。有一群人根本不认真听我的观点，好像只要反对我就圆满完成了自己的任务似的。也许是受了《TV擒抱》的影响吧。每次发生这种情况，制片人都会跑到东京来说服我。我想着，就在节目时间里，哪怕说上一句也好。而从节目本身的构成来说，应该是希望设置一个与别人格格不入的角色吧。

阿尔 节目组既想邀请很有人气的老师您出演，又想在节目里用各种方式激怒您。

田岛 不过最近我"已经不吃这套了"。（笑）

阿尔 好想说："不要把老师当反派角色来利用！"好多时候明明您没有那么生气，节目里还是会打出"广告之后，田岛暴怒"之类的字幕。

田岛 我今年81岁，出演《说到这里委员会NP》已经是第19年了，难道我要和他们耗到自己老得不成样的那天吗？

阿尔　和他们耗到最后吧。三宅久之[*25]也是直到去世前不久还在出演节目。

田岛　最后一次是坐轮椅来的。我开香颂音乐会的时候，三宅先生还送来了花和信，信封上面写着"请务必在大家面前读这封信"。我也真的傻乎乎地没有当场打开，演唱会开始后打开一看，上面写着"感谢大家都来听这么烂的歌"。（笑）

阿尔　这招可真妙啊。（笑）

田岛　我在气头上的时候，还说过三宅先生"秃子"，结果被他反驳："我觉得你是个丑女，但从来没管你叫过丑女！"他就这样巧妙地把"丑女"这个词骂回来了。

阿尔　舛添要一[*26]那次，明明是舛添先说了"丑女"，但人们却都只记得老师回的那句"秃子"。

田岛　对。因为没有人还嘴，所以我记得很清楚。石原慎太郎和野坂昭如[*27]也在电视上和我吵得不可开交，但他们都会私下来找我道歉。石原慎太郎后来通过阿川佐和子[*28]来向我道歉了。

阿尔　就让人很想说"那你倒是自己来道歉啊"，对吧。

田岛　是啊，因为在电视节目中会意识到世人的眼光，所以扮演着男人的大家都在抨击我。但是要道歉就不要之后再通过别人道歉，当场就直接向我道歉吧。（笑）

阿尔　因为老师一直在这样抗争，很多女性都受到了鼓舞。20多岁的朋友的母亲，就算丈夫是个人渣，但因为有三个孩子，怎么也无法踏出离婚这一步。有一次在图书馆里读了老师的书，终于下定了"我要离婚"的决心。之后，她成了一个努力养活孩子的单身妈妈，她说"我现在的幸福都是托田岛老师的福"。

田岛　回想起来，我出演电视节目是不是可以算是"一个人的女权运动"呢。虽然一开始还是牵着大家的手一起进行的运动，但我上了电视并受到抨击后，周围就没有一个所谓的女性主义者了。取而代之的是说自己"轻松了""获救了"的普通女性。

阿尔　在以前的对谈中，老师说过："虽然自己遭受了严重的诽谤和中伤，但观众里一定有人好好地接受了我的观点。虽然无法像《圣经》故事里的那一粒麦子一样产生那么大的影响，但我觉得这样就够了。即使稍微辛苦一点，我也觉得值得了。"[*29]您说这些话的时候，仿佛周身都散发着光芒……（合掌）

田岛老师救了我

三十年前的预言完美命中

阿尔　我在20多岁的时候,被田岛老师从自身的经验和痛苦中总结出来的那些话拯救了。您在三十年前写的《女主角为什么会被杀》[*30]中进行了非常积极激烈的女性主义批评,在《夺回自己的脚》[*31]中,您写了几乎是预言 #KuToo[*32] 的文章。所以在这几年里,看到《Etcetera VOL.2 特集:We ♥ Love 田岛阳子!》得以出版,田岛老师再次得到好评,我真的很高兴。您对于重新获得好评是怎么看待的呢?有什么感到困惑的事情吗?

田岛　并没有什么困惑。日本和那个时候相比没怎么变,让我有种"啊,果然如此!"的感觉。

阿尔　的确是这样。虽然也有进步的地方,但我觉得不如说整体比那时候更倒退了。2000年以后开始了对女性主义的反冲[*33],新自由主义政治家对性别自由和性教育的抨击尤为猛烈。从2006年到2022年,法国的全球性别差距指数从第70位上升到了第15位,而日本却从第79位下降到了第116位。

田岛　我之前接受某报纸的采访时,被问到"你怎么看待自己被大家嘲笑这件事"。我说:"我曾经预告过,如果社会继续这样不把女性当作独当一面的人的话,日本就会以单翼飞行的方式坠落！"如今我的预言果然成真了。

阿尔 您的预言完美命中了。

田岛 那时候在电视上攻击我的人倒是全都死了。

阿尔 他们都死了，但是老师您活到了现在，真是太好了。

田岛 但是日本的状况越来越差，国力一直在下降。国民中有一半是女性。如果不充分发挥女性的力量，事态还会继续恶化。

阿尔 明明全世界都在不断推进性别平等，日本却掉队了。针对少子化，也没有制定出有效的对策，结果，健康的日本就像"泰坦尼克号"一样逐渐沉没了。

田岛 我预言了日本会成为地狱，现在真的朝着这个方向发展了。

阿尔 老师在三十年前写的文章，今天读来仍然令人不禁猛拍膝盖[*34]的一点是，社会竟然是那样的一成不变。无论何时，这个国家都是属于大叔的，由大叔建立，为了大叔的国家。即便如此，2017年像黑船一样的 #MeToo 运动[*35]来了，被称为第四波女性主义的时代到来了，能够赶上田岛老师的再次爆火真是太好了！

田岛 虽然政治不行，但是最近的女性在社会上的表现很棒。没有办法不活用那个。对比1980年与2021年，如今家庭主妇减少了约二分之一，相对地，双职工家庭增加了一倍。

阿尔 我想说，女性一直在改变，接下来该男性做出改变了。

第 1 章 注释

*1 《已经不能再做"女人"了》（《もう、"女"はやってられない》，讲谈社，1993 年）。

*2 "洞和袋" 完整的说法是"对男性来说，女性就是洞和袋"。洞＝解决性欲的对象，袋＝生孩子的机器。

*3 "女人需要面包，男人需要内裤" 意思是，女性要有养活自己的经济能力，男性要学会自己处理生活的琐事。

*4 《遇到女性主义后变得想长寿了》（《フェミニズムに出会って長生きしたくなった。》，幻冬舍，2021 年）中所收录的对谈。

*5 石原慎太郎 1932—2022 年，东京都前知事，作家。

*6 尤利卡！ 古希腊语"我懂了！"的意思。

*7 《以爱为名的支配》（《愛という名の支配》）单行本于 1992 年由太郎次郎社出版，文库版于 2019 年由新潮社发行修订版。

*8 出自《以爱为名的支配》P73。

*9 哥白尼 1473—1543 年，波兰天文学家，提出了地心说。

*10 斯德哥尔摩综合征 被监禁的受害者，随着与加害者相处的时间越来越长，逐渐对加害者产生好感和亲近感的一种心理疾病。

*11 厌女症（misogyny） 蔑视女性、厌恶女性。

*12 两难境地（Double Bind） 因被输入了两种相反的信息而混乱的状态。双重限制。

*13 **性别差距指数** 由全球经济论坛发布。从政治、经济、教育、健康等四个领域，用数据展示男女之间的平等程度。0 是完全不平等，1 是完全平等。

*14 **驹尺喜美** 1925—2007 年，曾任法政大学教授，近代文学研究者、女性学者、生活艺术家。著有《"魔女"解读〈源氏物语〉》(《"魔女"が読む源氏物語》，家族社，2005 年)、《魔女的逻辑》(《魔女の論理》，学阳书房，1996 年)等。

*15 **阿佐谷姐妹** 渡边江里子和木村美穗两人组成的搞笑艺人组合。著有《阿佐谷姐妹的悠闲二人生活》(《阿佐ヶ谷姉妹ののほほんふたり暮らし》，幻冬舍，2020 年)。

*16 **"花婿学校"** 从 1989 年起的十二年间，以秘书处的形式开办的日本青年馆婚姻咨询所。由樋口惠子、斋藤茂男、板本洋子运营。以女性学和探寻男性生活方式为主题举办讲座。

*17 **《笑一笑又何妨》** 全名《森田一义时间 笑一笑又何妨！》，1982—2014 年每周一到周五中午 12 点在富士电视台播放的综艺节目。

*18 **森田一义** 1945 年出生，搞笑艺人、电视节目主持人，昵称"塔摩利"(TAMORI)。

*19 **小内小南** 由内村光良和南原清隆组成的搞笑艺人组合。

*20 **笑福亭鹤瓶** 1951 年出生，落语家、艺人、主持人。

*21 **《TV 擒抱》** 1989 年《要怎么做？！ TV 擒抱》开播，1991 年起改名《北野武的 TV 擒抱》在朝日电视台播放，是一档讨论政治和经济的节目。

*22 **隐匿基督徒** 尽管江户时代颁布了禁令镇压基督教，但在这种环境下仍秘密地信仰基督教的人们。

*23 *Etcetera VOL.2* 由 Etcetera Books（等等出版）从 2019 年起发行的女性主义杂志。该特集是《We ♥ Love 田岛阳子！》。

*24 《说到这里委员会 NP》在读卖电视台播放。2003 年以《TAKAJIN 的说到这里委员会》的节目名称开始播放，后改名。一档广泛涉及社会问题、政治、经济等各领域的话题并进行讨论的节目。

*25 三宅久之 1930—2012 年，政治评论家、新闻评论员。著有《三宅久之揭露不能报道的特别情报》(《三宅久之の書けなかった特ダネ》，青春出版社，2010年)、《新闻无法传达的政治与官僚》(《ニュースが伝えない政治と官僚》，青春出版社，2009 年) 等。

*26 舛添要一 1948 年出生，东京都前知事。

*27 野坂昭如 1930—2015 年，作家、歌手、作词家、艺人、政治家。著有《黄色大师》(《エロ事師たち》，讲谈社→新潮社，1970 年)、《美国羊栖菜・萤火虫之墓》(《アメリカひじき・火垂るの墓》，文艺春秋→新潮社，1967 年) 等。

*28 阿川佐和子 1953 年出生，散文家、小说家、艺人。《北野武的 TV 擒抱》的常驻嘉宾。

*29 出自《遇到女性主义后变得想长寿了》第 336 页。

*30 《女主角为什么会被杀》(《ヒロインは、なぜ殺されるのか》) 单行本于 1991 年由新水社出版，文库版于 1997 年由讲谈社出版。2023 年由 KADOKAWA 再版并出版新版。该书通过 10 部电影分析了对女性的压迫。

*31 《夺回自己的脚》《已经不能再做"女人"了》(讲谈社) 中收录的文章。

*32 #KuToo[9] 抗议女性在职场中被强制要求穿高跟鞋和浅口鞋的社会运动。由演员、活动家石川优实发起。

*33 反冲 (backlash) 意为反动和动摇，抵制性别平等的行动被称为"性别反冲"。

---

[9] "KuToo"是日语里"鞋子"(くつ) 和"痛苦"(くつう) 两个词的谐音。

*34 **猛拍膝盖** 忍不住喊出"我懂!我懂!",因感到共鸣而"啪啪"地拍着膝盖的行为。

*35 **#MeToo** 2017 年,众多女性在披露自己受到过的性暴力侵犯时所广泛使用的话题标签。

"女人味"的特质都是"为了让谁感觉更好而奉献自己"。比如"体贴"或者"看眼色"等,都是一些和对方有关的词语对吧。应该停止只要求女人拥有"女人味"了。确实,为对方着想是件很好的事,但不能只把这些强加给女人。女人如果只专注于活出"女人味",就很难成为一个自立、独当一面的人。

田岛阳子

女人并不是要求男人优待女人或者给予特别对待，只是想跟他们说"请把我当人来对待"。我们想说的是，我们并不是满足男性性欲的工具，也不是为了给男性留种的机器，更不是照顾男人起居的机器人。

阿尔特西亚

第 2 章
想结婚,
还是不想结婚呢?

"女人需要面包，男人需要内裤"

田岛　男人之所以瞧不起女人，我想还是因为女人没赚到钱。据说全职主妇的家务劳动换算成年收入的话，大概折合 300 万日元[*1]。

阿尔　如果在外面工作就能获得工资，但当全职主妇就是无偿劳动，做的是免费的工作。

田岛　孩子们也会慢慢发现"爸爸瞧不起妈妈""妈妈都没有自己的想法""家里的事都是爸爸说了算"这些事，如果是特别喜欢妈妈的孩子倒还好说，如果不是的话，就会变得越来越轻视妈妈的存在。

阿尔　看到父母之间这样的关系，孩子也逐渐接纳了男尊女卑这件事。

田岛　没错。所以，女人对这种不合理的状况既不抱有疑问，也不对自己的免费劳动表示抗议或要求支付做家务的工钱，我认为这是不对的。

阿尔　之前大爆的《逃耻》[*2]中也描写了这个主题。女性即使抱有"免费给人干活不是很不合理吗？"这样的疑问，社会和周围的人也不会谅解，只会说"明明是靠着别人才有饭吃的，就别抱怨了"。

田岛　说实话，吃的远没有干的多吧。女人如果因为生孩子就辞掉工作去当家庭主妇的话，国家将遭受1.2兆日元的经济损失(*3)。

阿尔　我听说，如果成为家庭主妇，相当于失去了总计2亿日元的终身工资。2亿日元可以买多少东西了啊。

田岛　那就是全职工作到退休的人，和育儿告一段落后开始打零工的人，两者终身工资的差距。我认为如果女性能够工作并按时纳税的话，国家的经济状况也会变好。为此，行政部门首先要为有孩子的女性营造良好的工作环境。

阿尔　女性一直在这样呼吁，但完全没有进展。另外，孕妇骚扰（MATEHARA）(*4)、妈咪路径(*5)、单身育儿等问题也很严重，待机儿童[10]的数量虽然减少了，但现实中无法进入想进的保育园的问题依然存在。

田岛　我认为，如果不去营造适合女性工作的环境，不让女性工作成为一种理所当然，日本的未来就完蛋了。必须从小就教育孩子，成为新娘让丈夫养你，等同于做别人的奴隶。而且只靠做钟点工的收入的话，晚年生活也会很不稳定。

阿尔　田岛老师从以前开始就一直在说"女人需要面包，男人需要

---

[10] 指儿童出于父母工作或者疾病等原因符合保育园入园条件，却因为保育园满员而无法入园。

内裤"。

田岛 没错。女人要自己去挣自己的面包，男人要自己洗内裤，也要参与家务和育儿。

阿尔 日本女性承担的家务和育儿工作是男性的5倍以上，而日本男性参与家务和育儿的时间是全世界最短的。其中的原因有长时间劳动和性别问题这两方面。日本是长时间劳动问题非常严重的国家，严重到甚至输出了"KAROSHI"[11]这个词。不过，就像《男人为什么那样会议》(*6)中所说的那样，从数据上来看，即使男性的劳动时间减少了，他们花在家务和育儿上的时间也并不一定会增加。不是"因为要长时间工作，男性即使想做也无能为力"，而是"不管工作时间如何，不会去做的男性就是不会去做"。另外，即使是在男性处于无业状态，只有女性工作的家庭中，女性的育儿时间也更长。就算是无业游民也不帮忙养孩子，真是让我怒火中烧，很想发狂大喊："男人为什么那样？！"

田岛 这是因为"家务和育儿是女人的工作"这种性别分工的观念根深蒂固。最重要的是，那些男人的母亲并没有教过男人生活自理能力。她们只会说"交给你老婆去做吧"。因此，至

---

[11] KAROSHI："过劳死"的日语发音。

今仍有一半的女性因结婚或怀孕而辞职，很多人辞去全职正式员工的工作，在开始养育孩子后转为非正式员工。所以才会损失 2 亿日元的终身工资。

阿尔　是啊。虽然在职场上工作的女性很多，但这些在职的女性半数以上都是非正式员工，人数是男性非正式员工的 2.5 倍。非正式员工中七成都是女性。这样一来，女性就成了随时都能关闭的"雇用调节阀"。在新冠肺炎疫情期间，很多以非正式员工身份入职的女性失业，女性自杀的情况也越来越多。现在这个时代，很少有人是因为想做非正式员工而选择以此方式入职。

田岛　以前为了育儿和看护病人而选择成为非正式员工的人很多。

阿尔　如今情况有所不同了。在就业冰河期[*7]，有一代人无论男女都找不到能获得正式雇用的工作。确实有很多女性因为生孩子而离职，但那是职场的环境让她们无法在生育后仍然继续工作。她们要么因为孩子进不了保育园，要么因为孕妇骚扰和妈咪路径，不得不选择辞职，这样的故事在周围随处可见。例如，我的女性朋友被上司训斥"你生了孩子还要继续工作，简直太任性了"，之后就被降职到自己不喜欢的部门，工资也被削减了。像这样被逼到想工作却不能工作的状况，并不是女性意识的问题，而是政治和社会的问题。

第 2 章 想结婚，还是不想结婚呢？

田岛 不久以前好像有很多女性抱着"结不了婚就工作，找不到工作就结婚"的想法，但现在年轻人所处的状况有所不同了。

阿尔 现在无论男女，工资都下降了，能养家的男性正在急剧减少。年青一代意识到"全职主妇是特权阶级，现在不是可以选择结婚或工作的甜蜜时代"。但是父母那一代总是说一些"女人只要结了婚总会有办法的""赚不到面包就去洗内裤不就行了吗"之类仿佛是安托瓦内特[*8]的发言一样的话。

田岛 你母亲那一代人，除了洗丈夫的内裤以外没有别的选择吧。所以她们只能给出这样的建议，告诉你们女人只要结婚生子，就能得到社会的认可，怎么都能活下去。

阿尔 但是如果真的接受了这样的建议，就会让自己的人生走投无路。所以为了保护自己，必须好好学习和思考。

田岛 没错，所以真的需要从小就对孩子进行性别教育。接受过女人有工作是理所当然的这种观念教育的人，和思考到底要结婚还是要工作的人，二者不仅生活方式不同、终身工资的金额不同，晚年生活的稳定程度也会不同。是因为结婚而由两个人变成一个人，还是两个自立的人在一起但仍然保持彼此独立，人生的自由度和丰富性都是不一样的。

阿尔 一辈子都要靠自己挣面包，要当自己这艘船的船长，只要有了这样的觉悟，就能依靠自己的力量而非他人的力量生存下去，也更容易描绘出自己的职业规划和人生蓝图。

是否该废除配偶者控除制度？

田岛　我必须说的是"迄今为止结婚在日本就是奴隶制度"。最好不要去做一个连自己的面包都赚不到的家庭主妇。

阿尔　从数据上来看，全职主妇的占比越来越少了，2020年是23.3%[*9]。全职主妇家庭和双职工家庭的数量在20多年前就发生了逆转，现在仅靠丈夫的收入已经无法维持生活，所以很多女性在结婚后也继续工作。

田岛　不过现在还是有配偶者控除制度吧？可以说，这是一种优待娶了不工作、全心全意为丈夫效劳的女性为妻的男性的税收制度。配偶者控除不仅免除所得税、居民税、社会保险费，而且，当配偶的年收入低于一定水平时，企业还会发放家庭补贴。

阿尔　这是国家为了将企业战士和家庭主妇配对而制定的制度。

田岛　我认为配偶者控除就是强调"女性为丈夫效劳才是正确的生活方式"的制度。媒体也一直洗脑"女人应该结婚成为家庭主妇"。这种制度以让女性免费从事家务劳动作为免除税金的代价，女性因此被剥夺了经济能力，继而导致女性无法作为独立的人自由地生活的结果。

阿尔 被103万日元的壁垒和130万日元的壁垒所阻挡，因为赚得更多的话就会吃亏，所以明明想在工作上获得更多建树却无法如愿。也有很多女性因此失去自信，认为"我就是赚不到钱的"，继而认为"所以我必须对丈夫尽心尽力"，让自己忍受不合理的对待。但是赚不到钱并不是因为女性没有能力，而是因为国家建立了剥夺女性经济能力的机制。

田岛 反正我是这样理解的。

阿尔 优秀得吓人的打零工的阿姨，不是有很多吗？这样的女性被剥夺了自信，实在是太不合理了，对社会来说也是损失。不过，我在想，现在人们讨论废除配偶者控除制度的初衷，真的是为了女性吗？本来正在过着很充实的生活，却被告知"从现在开始要取消配偶者控除制度了"，那么现在马上就能成为正式职员吗？能比现在赚得更多吗？从现实层面来说，恐怕很多女性都要面临更困难的境地。因为新冠肺炎疫情，零工的轮班减少了，很多人想赚钱也赚不了。用"女性活跃"这样光鲜亮丽的字眼来粉饰太平，本质只是想把能削减的全部削减而已，我想说，在那之前先提高最低工资吧！

田岛 只要有配偶者控除，女性因为丈夫要享受税金的扣除额度，所以只能依据享受税金扣除的工资范围，找工资103万日元或 130 万日元以下的工作。靠这点钱是无法自立的。

阿尔 现实中，家务、育儿的负担都更多由女性来承担，如果这种状况得不到改善的话，"女性也都要全职工作"这种要求，对女性来说就像绿灯和红灯同时亮起一样。但若是不改善现状就直接取消配偶者控除制度，有些家庭可能真的会因此陷入窘境。大家都有各自的情况，也有很多确实不能全职，只能做非正式员工的人。政府真的不该光想着削减支出，而是该给育儿家庭发钱，减轻育儿负担，提高工资啊！想到这些我就很气愤，想把政府官员揍一顿。

田岛 无论如何，必须从女性自立的角度，重新思考这种把企业战士和家庭主妇捆绑在一起，把两个人变成一个整体的旧税收制度。不过，还有像你这样会感到气愤的女性，未来还是有希望的。

阿尔 我任何时候都是满腔愤怒！有的男人会说"只有女性才有'女性日'，这是逆向歧视"，但企业设立"女性日"是因为女性收入低。男女的工资差距为 100：75.2[*10]，男性平均收入更高。本来男性就很受优待，在日本，其实每天都是"男性日"。

田岛 真让人忍不住猛拍膝盖啊！

阿尔 啊，猛拍膝盖了。（笑）还有，虽然也有男人责备女人说，"女人追求的是上迁婚"，但平均来说，男性的收入更高，所以女性与比自己收入高的男性结合的比例更高也是理所当然的。本来在这个女性生育之后就难以工作的社会，育儿和教育的花销就大得离谱，所以当然也会觉得伴侣的年收入越高越好。在责备女人之前，先看看统计和结构吧，我觉得男人应该责备的是政治。

田岛 需要修改各种各样的法律，采取反歧视行动（Affirmative Action）[*11]和配额制[*12]等制度。

阿尔 有人说配额制是对女性的优待或逆向歧视，但其实配额制的本质是"现在对男性的偏向太严重了，应该改一改"。假设政治家和管理人员九成是女性，大臣和管理人员都是中年妇女和老太婆。想象一下这样的画面，就会发现对女性的偏向太严重了吧。但情况如果反过来，人们就意识不到这一点，这是因为我们从出生那一刻起，就一直被灌输男尊女卑的观念，感觉已经变得麻木了。

田岛 是的，特别是男性，如果正常生活的话，谁都不会注意到歧视的存在。

阿尔 虽然有人说"配额制会增加不优秀的女性"，但伦敦经济学院的调查指出，实际上配额制会把无能的男性排除在外，因此会对工作产生很积极的作用。迄今为止男性一直受到优待，将这一事实可视化的就是医学部的不公正入试^(*13)。看到"2021年度医学部合格率首次男女逆转"的报道，我不禁想到不知有多少女性被折断了翅膀……忍不住流下了眼泪。我们并不是希望优待女性，只是希望消除歧视。虽然男性认为只是单纯的赛跑，但在女性奔跑的路线上有很多障碍，我们只是希望能把它们挪开而已。

田岛 为此，只有让更多女性站到拥有决定权的位置，改变制度和法律。

因为在赚钱，所以才能抱怨

田岛 女人只要结婚就会被剥夺经济能力，被迫免费劳动，无法过自己想要的人生。所以我一直认为"不结婚也没关系"。你为什么结婚呢？

阿尔 我是被"有毒"的父母养大的，所以非常想拥有自己的家庭。我在大学一年级时经历了阪神淡路大地震^(*14)，那时候我强烈地感受到了这一点。我逃离父母，一个人生活，没有可以依靠的家人，也没有可以回去的地方。震灾发生后的第三天，我在三宫和父亲碰巧擦肩而过，他对我说："怎么，你还活着啊。"从那时开始，我就有了一种"要毁灭一切！"的仿

佛破坏神一样的气势，变成 bitch（泼妇）了。（笑）

田岛 这样啊，真不容易。

阿尔 是很不容易啊，我那时候还是 18 岁的孩子呢。虽然也有女性朋友会为我担心，对和各种萍水相逢的男人乱来的我说"这样很危险""要好好珍惜自己"，但我很疑惑，连父母都认为死了也无所谓的人，怎么可能好好珍惜自己呢？电视上正在播放强调"家族纽带"的震灾色情片[12]，我越看越觉得无比孤独。从那时起，我的生活一直充满曲折，在 29 岁痛感"不想要盲目的恋爱了，好想有个家庭"的时候，我遇到了我丈夫，我们以友情结婚的感觉结了婚，然后就这样度过了十六年岁月。

田岛 已经持续了十六年真的很棒啊。现在的人们不知道婚姻都是什么状况呢。

阿尔 一起赚钱一起分担育儿工作的夫妇越来越多了。话虽如此，大部分夫妻，不管是能力还是主人翁意识，都是妻子更高，所以抱怨也很多。不过，就是因为女性也在赚钱，所以才能抱怨。

田岛 原来如此。没有经济能力的全职主妇，就只能忍着了。

---

[12] 原文为"震灾ポルノ"，指只展示一些浅显的内容，营造感人的气氛，解决不了任何实际问题的报道。

阿尔　因为女性也在赚钱，所以想说什么就能说什么，也可以把自己内心的真实想法告诉对方。我的女性朋友们经常说，丈夫的存在就是"供起来"和"滚出去"的反复横跳。（笑）女人之所以能够产生让丈夫"滚出去"的想法，就是因为自己也在赚钱。

田岛　正是如此。如果想平等地对话，经济实力的影响是很大的。我觉得让男人养我的话就完蛋了。那样我就变成了"洞""袋"和家务机器，等于把自己整个卖给别人了。

阿尔　让丈夫掌握了对自己生杀予夺的大权。

田岛　自古以来，结婚制度就是男人掌握对女人生杀予夺大权的根本手段。也有人认为让女性做钟点工就可以了，但如果女人做工资103万日元以下的工作，就会免除很多税金，相应的国家的税收也会减少。女性即使工作了也不缴税，这等于减少了国家的税收，结果只会让国家疲惫不堪，不久国家就会一蹶不振。

阿尔　"男主外，女主内"的传统家庭模式让出生率越来越低。如果不把社会建设成夫妻都可以没有负担地一边工作一边育儿的社会，就无法解决少子化问题。少子化加剧，经济就会不断下沉，最后国家就会灭亡。欧洲国家早在三十年前就意识到了这一点，并采取了相应的对策。日本也要快点才行啊……田岛老师等女性主义者前辈们都警告过这一点吧。

田岛 我不知道说了多少次"这样下去国家会灭亡的"。然而，男人们根本不听劝阻，也没有创造出有利于女性生儿育女的工作环境，人口减少的趋势正以惊人的速度发展。

阿尔 我的朋友久山叶子女士在孩子2岁时移居瑞典，她认为"在日本养育孩子是不可能的"。她在她的著作《瑞典托儿所里没有待机儿童》中写道：

移居到瑞典后，最让我感动的是："总之在很多方面都变得轻松了！"

瑞典有双职工育儿的制度，两人都上班也能照顾孩子。

不用加班，下午四点到五点就可以下班。

在瑞典，如果无偿加班，反而会引起同事们的反感。如果有很多工作不能按时完成，说明是公司和上司没有安排好。

还有一点，来到瑞典之后，我觉得精神上轻松了很多，夫妻俩都不再需要对公司说："我要照顾孩子，很抱歉。"瑞典不管男女都有育儿休假，孩子生病了就可以请假。[*15]

田岛 我之前去瑞典的时候也觉得非常惊讶。下午4点的时候，不管是父亲还是母亲，都推着婴儿车在公园散步。更让我惊讶的是，像市政府这样的公共部门，工作是由丈夫和妻子共同分担的，即使其中一方请假，也能很好地把工作继续进行下去。大概是 20 世纪 80 年代吧，有一次傍晚，我在英国的汉普特斯西斯公园散步，看到那里到处都是夫妇和婴儿车。下班后，夫妻俩一起散步、买东西，然后回家做晚饭。而从日本来的工薪家庭，因为丈夫工作时间很长，妻子总是一个人推着婴儿车买东西，看着很可怜。

阿尔　响应"能 24 小时保持战斗吗？"(*16)号召的上班族，和一个负责照顾他们起居的女人，这就是昭和时代的模式。如果大叔们不尽快从经济繁荣时期的美梦中醒来，日本就只有灭亡这一个选项了。

并非一个人当顶梁柱，
而是两个人都成为家庭支柱的婚姻

田岛　年青一代正在逐渐摆脱昭和模式吧？对你和比你年轻一些的女性来说，工作的意义是什么呢？

阿尔　我 20 多岁的时候还有"自我实现""把爱好变成工作"这样的梦想和憧憬，但现在感觉"不能说那么轻巧的话，不工作就等于死亡"。总之就是对未来感到非常不安。即使现在收入还不错，也有可能因为身体不好或被裁员而无法工作。所以，很多人结婚并不是希望男性成为顶梁柱，而是希望两个人都成为家庭支柱，相互支撑。

田岛 原来如此，对经济情况的不安这么严重啊。

阿尔 我们这代人老了以后，养老保险估计也破产了吧，国家说为了养老需要自己存下两千万，现在连小学生都在担心养老问题。

田岛 唉。不只是年轻人，居然连小学生都在担心养老问题啊……

阿尔 因此，对年青一代来说，结婚也是一种规避风险的方式。两根柱子总比一根更让人放心。被人拿着闪着光芒的钻戒求婚，享受被人祝贺的喜悦……这样的梦想和憧憬，我们已经没有了。即使结了婚，三对夫妻中就有一对会离婚，未来的事情根本无法预测，如果结了婚就要辞职，那实在是太可怕了，当家庭主妇的风险太高了。

田岛 直到不久之前，还是全靠男人挣钱来养活老婆孩子。男人在配偶者控除制度的帮助下努力工作，而老婆则免费干活，没有出去工作的自由。两个人合二为一。听了你刚才的话，虽然现在也还是两个人合二为一的体制，但不同的是现在的两个人都是有工资收入的人。女性和男性同样都是在工作的人，男女拥有相对平等的发言权。我觉得这个区别非常重要。

阿尔 很多年轻人都希望有一个可以互相帮助、彼此支持的伙伴。"不结婚就不能成人"的社会压力减少了，所以并不是出于

"不结婚就没脸见人"那样的理由,而是有点像"让我们成为一个在地狱日本共同生存下去的团队吧,加油!"的感觉。

田岛 某种意义上来说,很理想!

阿尔 虽然我是自己选择了不要孩子,但现在两个人作为一个团队来养育孩子的夫妻也很多。请产假的男性也越来越多了呢。2020年女性产假获得率为81.6%,男性为12.65%。12.65%这个数字虽然是历史最高,但假期时间不足五天的约占三成,还是和女性的产假有很大差距。但是在我周围,丈夫休长期产假的例子也越来越多。我的一个女性朋友生完孩子半年就重返职场,而她丈夫休了一年半的产假。

田岛 那很好。希望大家都能不在意周围的眼光,做出这样适合自己情况的选择。

阿尔 除了生孩子,别的男性也都可以做,所以我希望能有越来越多的男性去休长期产假。这样一来,"男主外,女主内"的性别刻板印象就会消亡。我朋友的丈夫还会和其他同样在休产假的爸爸朋友一起带着孩子外出。

田岛 对男性来说,应该也可以从中发现新的乐趣。

阿尔 男性其实也很不容易,过着像奴隶一样被公司任意差遣的人生,很痛苦。他们晚上很晚才能回家,到家以后只能看到孩子睡着的样子,心里应该很悲伤吧。而且经常听说妻子对不参与育儿的丈夫逐渐失去爱意的故事。相反，认真照顾孩子的丈夫，妻子和孩子都很爱他。男性才更想发出"不要剥夺我养育孩子的权利！"这样的呼声吧。

田岛 的确如此，不管男女，都应该拥有更丰富的生活方式。

阿尔 我身边有好几对夫妻都是妻子在外工作，丈夫负责做家务和带孩子。像这样各自负责擅长的领域互相支持就好了。在这种情况下，丈夫的心理素质很重要，不能因为"反正我比你赚得少"而气馁。

田岛 不说这种麻烦的话很重要。这种话背后的逻辑就是"不赚钱的男人很没出息""比男人赚钱多的女人不可爱"之类的男人味、女人味的诅咒。

阿尔 即使妻子学历和收入更高，工作干得更好，丈夫也不会感到自卑，夫妻二人依然能够相敬如宾、彼此感谢。这样的夫妻现在越来越多了。

田岛 在这些两人都工作的夫妻中，也有20多岁就买了房子的人呢。如果这样的人能够逐渐成为主流，这样的夫妻能成为标准模式就好了。

阿尔 我周围有很多血液里女性主义浓度很高的女性，所以我选择了男女平等意识很高的伴侣。大家都说我"选对了老公"。

田岛 以前很多女性都是抱着"被男人选择"的心态，但现在是更多的女性主动选择男人的时代了。如果这样的人能不断增加就好了。

准确地找到践行男女平等的男人

阿尔　最近有很多人都是通过约会软件寻找结婚对象，找到了自己的另一半。

田岛　原来如此。候选者是全日本的男人吗？

阿尔　那里有无限的可能性哦。在软件里，可以从几万个候选对象中，选择适合自己的人。

田岛　不会被骗吗？

阿尔　有这种风险，所以必须熟练掌握使用的技巧。在拙著《写给既不想伤害自己，也不想伤害他人的你》中，我还写了一篇关于用应用软件邂逅最佳伴侣的"高效婚活[13]秘诀"的文章。

田岛　哎呀，那确实很有用呢。

阿尔　写了很多呢。（笑）这些应用软件中隐藏着以性为目的的玩咖和隐瞒自己已婚状况的魑魅魍魉，要想规避掉这些人，"表

---

[13] 日本社会学家山田昌弘提出的名词，主要指未婚者积极参与各种与结婚有关的活动，例如相亲、交友、健身、上人际关系课程等。

达自己不能马上见面"是很有效的方式。如果在简介栏里写"我希望有认真的邂逅，希望先互相发信息交流，彼此了解后再见面"，那些人就会判断"真麻烦，应该没法骗她上床"。还有第一次见面时要提议去喝下午茶或吃午餐。魑魅魍魉都是在晚上活动的，所以要警惕那些硬逼着你"晚上一起去喝酒"的男人。

田岛　原来如此啊。

阿尔　因为也有很多男性在认真地寻找另一半，所以只要巧妙地加以利用，就能获得金蛋。（笑）有人在实践了我提出的"比起受欢迎，更重要的是找到和自己匹配的人""舍弃小杂鱼，专注钓大鱼""全面公开个人资料""明确记录NG（禁忌）事项"等方法以后，向我反馈了"真的找到了！"的好消息。

田岛　钓到大鱼了啊，真厉害。

阿尔　例如，如果在个人简介栏里注明"我不喜欢信奉男尊女卑的人""希望找一个能共同工作赚钱，共同分担家务和育儿的人"，想把家务、育儿全部抛给女人的男尊女卑男就不会来找我了。

田岛　原来如此。就是这样筛选出来的啊。真有意思！

阿尔　以前只能通过同事或朋友介绍，靠身边的关系来寻找伴侣，但如果使用应用软件的话，选择范围一下子就变大了。这个世界是一座巨大的宝岛。

田岛 可能性是无限大的。让应用软件婚活得以成功的重点是什么呢？

阿尔 重点就是舍弃"想受欢迎""想让男人喜欢自己"这些邪念。我用"打架决胜负"这种格斗漫画一样的话来比喻。（笑）结婚不是选举，只要得到完全适合自己的那一票就可以了。但（大多数人）就是想被不特定的多数人喜欢，尤其是女性还被灌输了"女人要一直保持微笑亲切待人"的观念。要摒弃这些想法，明白"受小杂鱼的欢迎也没用！"，做好被讨厌的心理准备，努力把点赞数减少到十分之一。在这剩下的一成中，就潜藏着真正适合自己的金蛋。

田岛 最重要的是要明确自己的主张，在此基础上再去匹配合适的人。

阿尔 如果明确地主张"我不喜欢信奉男尊女卑的人"，就可以排除认为自己"真是麻烦的女人"的男人，准确找到认为"自己也不喜欢男尊女卑，价值观上好像很合得来"的践行性别平等的男人。

田岛 听完你说的这些，我觉得如果不是非常有主见的人，没有取舍的能力，是做不到这些的吧。不错，这完全就是女性主义。不管是能做到这些的女人，还是教她们这些的你，都干得漂亮！

阿尔　女性主义者都已经习惯被男人讨厌了，很多人都没有"女人要被男人选择"的想法，而是掌握主动权，自己去选择，所以意外地非常适合婚活。

田岛　嗯嗯，拥有被讨厌的觉悟和勇气，能够明确地说出自己的主张非常重要。如果没有女性主义的精神，是做不到的。

阿尔　必须展现自己，要有"这就是我！只有对这样的我感到满意的人才能过来！"这种强大的思想。

田岛　非常坚定的觉悟和勇气。听你说完真是受益匪浅。那么今天的话题就聊到这里！（笑）

阿尔　不是，还没聊完呢。（笑）

田岛　如果今后婚姻都朝着这个方向发展，那女性主义不就成功了吗？这和那种结婚只是免费劳动的婚姻完全不同。

阿尔　只要选择一个不把女人当奴隶对待，能够和自己平等地相互尊重的伴侣，结婚后获得幸福的可能性就很高。

从资本主义社会的家务劳动中解放

阿尔　以前的主妇真的好辛苦啊。没有亚马逊，也没有线上超市。

田岛　你都是在网上买东西吗？

阿尔 基本都是在网上买。食品和日用品也都是在线上超市买的，打扫都交给扫地机器人，洗衣服都交给洗衣机，另外我们家基本上不开伙。

田岛 这样啊。

阿尔 我老公不吃早饭，午饭就在公司买便当，晚上因为他要去健身房或者道场，就直接在外面吃了。我平时就是玄米饭配味噌汤和纳豆，简单吃一口，如果有什么特别想吃的东西，要么去外面吃，要么就叫外卖。现在用自动烹饪家电和料理包（meal kit）[*17]的人也越来越多了。

田岛 大家都很智慧地活用各种东西呢。

阿尔 家务里最累人的就是自己做饭。要考虑菜单、购物、处理食材、收拾……要做的事情太多了。如果是本来就喜欢做饭的人还好说，可我虽然喜欢吃，但对做饭没兴趣。

田岛 就算是一个人生活，虽然要做的量少了，但其实要做的事还是那么多。又切又洗的是为了什么啊……有时候会忍不住这么想呢。（笑）

阿尔 以前的主妇也有会用三种神器[*18]让自己能更轻松地做家务。现在的线上超市、料理包、烹饪家电、全自动洗衣机、扫地机器人……越来越发达的科技让女性得以解放。

田岛 女性通过巧妙地利用家电，将自己从"把女性变成奴隶的"

家务中解放出来，把精力投入工作中，夫妻二人一起赚钱，这不是很好嘛。

阿尔　但是这是资本主义发挥到极致的结果。企业琢磨着怎样才能赚更多钱，于是发明了便利的家电。

田岛　确实如此。（笑）不过如果能为女性所用，我觉得也不错。今天和你聊过以后，我人生中第一次有了想变年轻的想法。

阿尔　真的吗？那我真是太高兴了！

田岛　能找到志同道合的人，还能从家务中解脱出来，男女合作一起努力生活，听上去真的很有意思啊。（笑）

阿尔　女性获得"自己选择"的自由之后，不仅是婚姻，还可以追寻各种各样的幸福。并不是由其他人定义的"这就是女人的幸福"，而是按照自己的心意，自己来塑造自己的幸福。

田岛　现在已经进步到这种程度了呢。

独立之后不再需要恋爱了

阿尔　另外，我周围逐渐开始出现一些实行分居式婚姻的夫妻。两人都继续住在单身时住的房子里，只有周末会一起在其中一方的家中度过。我的一个女性朋友说"和别人长时间待在一起会觉得很累，所以这种模式感觉正好"。

田岛　这种分居式婚姻真不错啊。不需要一直待在一起,我很理解这种想法。

阿尔　我也是那种如果没有独处的时间就会死的人,所以幸好我丈夫是那种不怎么待在家的人。我家是分别行动派的夫妇,不管是外出吃饭还是旅行,都是各去各的。虽然他也邀请过我和他同行,但是在岩石上睡觉什么的,和让我去死差不多啊。(笑)

田岛　这样你们两个人都觉得很开心,说明你们性格很合适呢。

阿尔　我问我丈夫喜欢我什么,他回答"对社会唾弃的样子"。我对社会和政治经常怒不可遏,还会参加消灭痴汉运动[*19]之类的活动,这些他都觉得很棒。虽然我丈夫是个奇怪的人,但是我想女性主义者选择这样的人作为伴侣,婚姻才能长久。

田岛　你丈夫是多棒的人啊。他十六年里一直没变过吗?

阿尔　内脏脂肪应该是增加了,除此之外基本没变化。因为从认识的时候起就是像"哥们儿"似的关系,虽然没有恋爱和心动的感觉,但是喜欢对方的为人,所以结婚了。田岛老师在《以爱为名的支配》中写过和英国恋人……

田岛　对,40岁左右的时候在英国相识,交往了6年左右。我去英国的时候,两个人也一起生活过一段时间。我开始出演电视节目那会儿，好像已经和他分手了。

阿尔 所以才会写"真正意义上独立了"。

田岛 现在回想起来，我可能是为了自己的独立而利用了男性。在和他对抗和争执的过程中，我变得能说出童年时无法对母亲说出的"不"了。虽然我本身也有独立的意愿，但他还是激发了我内心的很多东西吧。和他分手后，我认真思考了自己到底为什么会被这个人吸引，然后意识到了这些。

阿尔 在这个恋人的身上看到您母亲的影子，然后看清了"以爱为名的支配"对吧。

田岛 没错没错。之后我彻底觉醒了，也不再需要恋爱了。

阿尔 成为不需要男人的完全生命体。

田岛 虽然之后我也不是完全不谈恋爱，但是觉得没有深入一段关系的必要了。

阿尔 因为觉得自己已经不需要能托付终身的伴侣了？

田岛 我不需要伴侣。因为我是好不容易才获得了自由。我和你这样找到了不给他做饭也行的伴侣的人，还有可以使用如今各种便利工具的人不同，我那个时代的社会背景和现在也不同。我觉得和男人一起待1～2个小时，剩下的时间都自己一个人待着是最好的。

阿尔 之前说的是和男人一起待3小时就厌烦了呢。（笑）

田岛　哈哈！更早以前还是想一起待4～5个小时然后自己一个人待着呢，这个时间变得越来越短了。（笑）

阿尔　感觉不再需要伴侣之后，您还找过男朋友吗？

田岛　男朋友是朋友嘛，那种只是关系有点亲密的男性，我身边一直都有很多。

阿尔　真好啊！我理想的生活也是这样。现在如果我丈夫死了，我也不打算再结婚了，也不想再和男人一起住了。和女性朋友们一起愉快地生活，有个可以偶尔亲密一下的男朋友就好了。

田岛　一起吃饭喝酒、牵手散步什么的。

阿尔　偶尔约个会，有兴致的话也可以上个床。虽然我已经好多年没有过性生活了，但是按照以前的做法应该也还是能应付。不过可能会被人嫌弃我的技巧太陈旧。（笑）

田岛　对对，可以随心所欲了。这样多开心啊。

阿尔　老师和英国男友分手之后，也是这种感觉吗？

田岛　我和他分手以后就忙于电视节目的工作，没有精力做这些。因为《TV 擒抱》这个节目需要人全力以赴地"战斗"。录完节目，我都要躲去轻井泽，竭尽所能去恢复自己受到的伤害。因为在电视节目里总是被打断，无法说出自己想说的话，所以我想通过写作来表达。出演电视节目那会儿，我写了将近十本书。除此之外，我感觉已经没有多余的精力做其他事情了。

阿尔　根本没心思搞什么约会对吧。

田岛　窝在轻井泽的深山里，能约的只有狐狸、狸猫和熊。

阿尔　狐狸和狸猫倒是都有可能化成人形的。（笑）

田岛　我对着猴子唱了《爱的赞歌》[*20]呢。（笑）

要逃离父母只能结婚吗？

阿尔　如果像欧洲那样，不管是事实婚姻还是法律婚姻都享有同样的权利的话，我就会选择事实婚姻了。我选择法律婚姻最重要的理由就是想在户籍上和"毒亲"分开。单身的时候，我想："如果现在被救护车接走，就会有人和父母联络，到时延命措施和治疗方针都要由他们决定，那我宁可死。"其实并不想结婚，但因为和父母关系不好，为了逃避父母的支配和干涉，是不是只能去结婚呢……很多女性都有这样的烦恼。

田岛　以前这样的人就很多。因为想远离父母，所以怎么都行，总之就是想先把婚结了。造成这种状况的根本原因，我认为就是户籍制度。这个制度，虽然在曾为日本殖民地的韩国也实行过，但是因违反宪法的两性平等原则，于 2007 年被废除，由以户主为中心变为以个人为中心。户籍制度与选择性夫妇别姓[*21]也有很大的关系。不可否认，与时代的共识之间存在偏差。

阿尔　在父权家长制的背景下，父亲压迫母亲，母亲压迫女儿……在这样的家庭中，处于弱势地位的人就会受到压迫。紧急联络人和签手术同意书的人，如果允许不是父母而是朋友的话就好了。

田岛　确实如此。我也觉得写住在附近的熟人更好。（笑）

阿尔　在父权家长制社会中，不管什么都是以家族为中心，"一家人互帮互助"的价值观根深蒂固，太荒谬了。家庭内产生的育儿和看护等照顾性质的劳动，至今仍然大多由女性承担。只要把责任强加给女人，国家就什么都不用做了。

田岛　说得没错。以家庭为中心是不对的，这是剥夺女性自由的体制。在父权体制下，成为牺牲品的终究是女性。

阿尔　我也因为"家人应该互相帮助"这种家庭的道德绑架，一直被父亲剥削。我在《打算离婚的我还在维持婚姻的 29 个理由》[*22]里写过，父亲让我背了 5000 万的债务。

田岛　原来是这样啊。以前经常有父亲为了还债或者户口而把女儿卖掉的事。女儿真是太可怜了。

阿尔 真的很可怜。居然胁迫23岁的女儿去当借钱的担保人，真的很想问他："你是恶鬼的后代吗？"虽然这么说的话，我也是恶鬼的后代。我不告诉父母联系方式和住址，限制他们查阅我的住民票[14]，反正总有逃离毒亲的方法。但即使结了婚，脱离了父母的户籍，在法律上也无法断绝亲子关系。

田岛 必须尽早废除户籍这种东西。

阿尔 不过，即使在法律层面上没有断绝关系，只要不是像我这样做了担保人，就可以办理放弃继承父母债务的手续，也可以拒绝看护和赡养父母。

田岛 没错，说"不"的能力非常重要。孩子拿出调查的结果明确表达自己的意愿之后，父母应该也希望能做些什么来减少孩子对自己的厌恶。

阿尔 比如尽量保持距离，不要扰乱对方的生活节奏。即使对方的人性无法改变，只要我改变与之相处的方式，我们之间的关系就能发生变化。不过不管做什么都不会改变的有毒父母多的是。世人都说"因为是亲子，只要沟通就能互相理解"，但如果是通过沟通就能和自己互相理解的父母，一开始就不会给自己带来那么多痛苦了。我把断绝了关系的亲子互相原

---

[14] 日本的一种文件，记载着居民的姓名、住址、出生日期和在留资格等信息，用于证明居民现在住在哪里。

谅、和解的这类催泪内容称为"毒亲色情片"。无论面对多么过分的父母,孩子都会被"不能爱父母的自己真是坏人啊"的罪恶感折磨。

田岛 还会被社会和周围的人指责"父母对你有养育之恩,你却这样不孝"。我还是孩子的时代,根本没人考虑过儿童的人权这种问题。那时候也还没有"毒亲"这个词。

阿尔 现在有很多关于毒亲的书和资料。还有针对被毒亲养大的孩子的社群和咨询,我建议大家要借助一切可以借助的力量。另外,我是用写作拯救了自己。

田岛 我也一样。那时候既没有能商量的人,也没有能提供咨询的机构,只能自己处理。是自己写下的一本又一本书让我逐渐解放了。

阿尔 可以说是自我咨询了。

田岛 是的。写了十本书以后才终于感觉整理好了自己。我通过第二部作品《以爱为名的支配》确立了自己的位置,那本书对我至关重要。不过书名到底要用《以爱为名的支配》还是《姿态低点再低点,要有女人样》,让我纠结了一阵。

阿尔 "以爱为名的支配"这句话能让人不由得感到"真的就是这样!"的认同。

田岛 "姿态低点再低点,要有女人样"讲的是男人味/女人味的话题。纠结了好一阵之后，还是定了《以爱为名的支配》这个书名。

阿尔 "姿态低点再低点，要有女人样"这句话，是田岛老师从小到大听得耳朵都起茧子了的一句诅咒吧。

田岛 当时的女孩全都接受着这种"姿态低点再低点，要有女人样"的教育，我因为太认真地听进去了这句话，吃了不少苦头。

阿尔 女孩子会被教育，女人不能比男人更显眼，不能比男人更厉害，要懂事。因为老师三十年前写下了这些，我们这代人才能因为"有经历了同样的痛苦并且克服了的前辈"而鼓起勇气。感谢您为后辈们照亮了前进的道路。（合掌）

田岛 不过，如今的年轻人读过之后应该会有不同的感受吧？

阿尔 20多岁的女孩在读过《以爱为名的支配》后也会拍着大腿感叹："我太懂了！"虽然这本书写于1992年，但因为日本从那时候到现在，在男女平等方面没什么进步，所以即使如今再读，还是能引起大家强烈的共鸣。

田岛老师救了我

为什么没有变得"厌男"呢?

阿尔　老师不是说过"我并不是厌男"嘛。作为一名奋战在最前线的女性主义者,明明在男权社会遭受了那么多来自男人的打击,为什么您没有厌男呢?

田岛　和男人只进行表面交往的话,的确会遭受各种各样的对待,但如果认真深入地交往的话,就会发现他们也是人啊。

阿尔　类似"这家伙也有不少优点嘛"这样的感觉吗?

田岛　不只是优点,会脆弱也会强势,单纯作为一个人去深度交往的话,就能看到这些东西。他们会在想哭的时候让你看到流泪的样子,也会主动来跟你撒娇。能看到那些无比平常的人的样子。但是如果同居一起生活的话,"男人"的那个劲儿立马就出来了。他们从人变成"男的"的时候,我就会情不自禁地暗骂:"这个浑蛋!"(笑)

阿尔　的确,很多男人都没办法卸下作为男性的盔甲。他们认为不能让人看到自己的弱点,会自己折磨自己。

田岛　不过深入交往到了恋人这种程度以后,男人也会暴露自己的脆弱吧。这种时候就会让人感觉"果然他也是人啊,真可爱"。

阿尔　哦……这是对人类的大爱呢!

田岛 倒是也没有到那种高度。（笑）只是感觉，男人脱下盔甲其实也只是一个脆弱的人，他们也在努力活着呢。你应该也是看到伴侣身上的这一面，才能和他在一起十六年吧？

阿尔 我丈夫是那种完全不伪装的人，从一开始就是"全裸"状态。所以我也脱下了"女人味"的盔甲。但是，包括我在内，很多女性都遭受着男性的伤害。从小就要面对"痴汉"的骚扰，还有性骚扰、精神虐待、家庭暴力等伤害，因为经历了这些而有了心理阴影，自然会对男性抱有厌恶和恐惧的情绪。就像如果被狗狠狠咬伤过的话，会觉得狗很可怕也是理所当然的。

田岛 歧视作为一种结构、一种"文化"，已经渗透到社会的点点滴滴中。所以我们才会保持"其他男性也可能会做同样的事"的警惕。

阿尔 我也明白 not all men（不是所有的男人都是坏人）的道理，但我受的伤还没有痊愈。而且，对于性暴力和性别歧视给女性造成的痛苦，很多男性都漠不关心，或者完全没有共情。如果他们不了解我们的痛苦，只会说"痴汉也有被冤枉的吧"之类的话，就会让人不由得产生杀意。

田岛 女性遭受了那么多伤害，变得无法信任男性也是理所当然的。即便如此还要去依附男性，就是因为女性自己赚自己的面包并非理所当然。

阿尔　我认为没有完全不厌男的女性。不过就自己来说，我是在作为女性主义者参与各种活动的过程中，逐渐减轻了对男性的厌恶。比如在给初中、高中男生上课时，我就经常有"这些孩子太珍贵了，好想保护他们"的想法。

田岛　可能你是以家长的眼光，或者教育者的眼光去看待"男性"的吧。

阿尔　没错。另外，在工作中碰到越来越多性别意识很强的男性，这也让我感觉到了希望。

田岛　我可不会被男人这种态度欺骗哦。（笑）

阿尔　所以我是被骗了吗？（笑）

田岛　毕竟在你这样有一定知名度的女性主义者面前，肯定不能炫耀自己的男子气概吧。他们会配合你，态度也会很好，但是不能被这些迷惑哦。

阿尔　老师其实也比较能信任男性吧？（笑）

田岛　不是那种工作上的交往，而是在更私密的关系中，就算是男人也会有那种流着泪依偎过来的人，也会有吐露自己脆弱内心的人。恋爱的好处是，可以看到男人变回那个穿上盔甲之前的本真的自己。当然，有时候还没来得及看到对方脱下盔甲的样子，关系就结束了。但是，如果关系能一直深入发展，看到彼此最本真的样子，那么男人就不会对见到了自己这一面的女人作恶了。不过也有男人会因为太恃宠而骄而使用暴力或者恶言相向，遇到这种人就只能放弃交往了！

阿尔　放弃吧！试着和脱下盔甲展示本真样貌的男性交往，对男性整体的印象应该都会改变吧。

田岛　也不能这么说。因为社会是将男性视为主人公的，所以男人味、女人味的观念都根深蒂固，在这种社会环境中长大的人，不管是男人还是女人，都不会那么容易改变。但是因为大家都是人，所以只要想建立平等的、无话不谈的关系就能建立起来。你们夫妻能够在一起十六年，我想正是因为建立起了这样的关系。

阿尔　我们是类似友情结婚的感觉。

田岛　是死党吧。男女关系到最后都会变成死党。毕竟彼此都是能安心在对方面前脱下盔甲的人。这种关系太棒了吧。

并非血缘或婚姻的羁绊

阿尔　我现在运营着一个名为"阿尔特西亚的大人女校"的读者社群，成员有一百人左右。我们经常组织各种活动，比如大家一起徒步、一起去山里挖土豆和采蘑菇、举办红酒品鉴会或读书会等。

田岛 哎，听起来很有趣啊。

阿尔 特别特别有趣！我的初衷是创造一个女性可以安心地探讨毒亲、女性主义和政治的空间，一个女性同胞可以互相支持的环境。虽然我抽中了很烂的父母，但幸运的是，我从女性的友情中受益良多。

田岛 原来如此。"大人女校"，就是女性同胞团结起来的地方呢。

阿尔 因为我原本追求的就是并非血缘的羁绊。我希望构建起女性同胞互相支持的安全网。

田岛 非常理解。日本太重视血缘了。户籍制度到了该消亡的时候了。

阿尔 田岛老师不是也有和驹尺女士的 sisterhood [*23] 和 "朋友村" [*24] 吗？

田岛 "朋友村"最开始是为单身女性建造的，但现在也有夫妇一起居住其中的。建筑是普通公寓的样子，每间房子里都有独立的浴室和厨房，还配有公用的温泉和食堂，就是这样的地方。

阿尔 这是驹尺女士的提案，然后大家一起建成的对吧。

田岛 是的，现在也仍然好好运营着呢。

阿尔 田岛老师您没在"朋友村"里住过吗？

田岛 住过一小段时间。"朋友村"是20世纪60年代初期建造的，我当时工作很忙，离伊豆又很远，过去不方便。打算把那里当成养老院让我母亲住进去来着，结果她说"我不想去"。

阿尔 为什么？

田岛 我母亲非常重视和邻居之间的人际关系，就算有自己的房间，可是要和不认识的单身女性群体一起住，她还是有点害怕吧。

阿尔 要是我，肯定欢天喜地想住进去。（笑）我不能接受男女共用的养老院，只有女性居住的话就太棒了。而且还有温泉呢。

田岛 我母亲虽然在我面前很威风的样子，其实很怕生。她最后几年是自己住在市里的养老院，过得很开心，93岁时去世了。我因为没办法搬去伊豆，就卖掉了自己在那儿的房子，只在东京和轻井泽两地生活了。不过现在也依然和"朋友村"有联系。

阿尔 是因为伊豆生活不方便吗？

田岛 的确有这个原因。而且我还有工作，如今已经是我在轻井泽和东京两地生活的第三十七年了。一开始是住在千泷这个似乎有狐狸、狸猫和熊出没的地方。但后来觉得已经没必要逃离世俗了，就想下山去有人的村子里住。

田岛老师救了我

阿尔 简直像山姥一样啊！

田岛 没错。身边只有狐狸、狸猫和熊的话，感觉自己会变成老年痴呆，所以我卖掉住了三十五年的房子，搬到村里来了。虽然是别墅区，但从山上下来后，在这里见到了各种各样的人。附近住着一位舞蹈老师，因为她的邀请，我又开始跳交谊舞，最近我还在自己的音乐会上跳了。（笑）

阿尔 跳舞感觉很有趣啊！我也想试试尊巴呢。

田岛 另外我家能看到萤火虫，附近的人都说我这里是能量场，所以都喜欢聚集过来。（笑）

阿尔 这不是很棒嘛！我想老了以后去女人们互相扶持的莲台住。那里就像山姥之乡一样，互相之间是既非血缘也非婚姻的羁绊。

田岛 不错啊。我住的地方是别墅区，朋友的家都离得很近，骑自行车就能到。我去散步的时候，还交到了带着狗散步的养狗的朋友。我并不喜欢狗，但不知为什么狗对我却很亲切。（笑）在东京举办书法艺术个展的时候，还有养狗的朋友专程从轻井泽过来捧场。

阿尔 好棒的关系啊！像老师这样80多岁还搬家，而且还能建立新的朋友关系，听到这些让我对未来充满希望。

田岛 在散步的时候和各种各样的人变得亲近，非常有意思。我

想着必须记住狗狗们的名字,还特意在小本上做了笔记呢。(笑)

阿尔　好认真。(笑)我转头就会忘记朋友孩子的名字,所以做了笔记来提醒自己。我还有很多在网上认识的朋友。女性主义者的朋友大多是在推特上认识,然后变亲近的。在网上结识现在年青一代的朋友,对我来说也是很平常的事。比起学校和职场上的关系,和网上认识的朋友更能说真心话。

田岛　确实如此,而且彼此之间还没有日常生活的利害关系。

阿尔　在学校里或职场上,就算有人跟你说"来,在这些人里找人交朋友吧",不是也感觉很勉强吗?在网络上可以找到对女性主义感兴趣的人,或者价值观一致的人,然后成为好朋友。而且通过SNS(社交网站)可以知道对方平时都是怎样表达自己的,所以很容易找到价值观相匹配的人。

田岛　可以很高效地和价值观相合的人成为朋友呢。如今是朋友也要配对的时代了。

阿尔　即使是怕生的人或不善言辞的人,在网上也能轻松地聊天。因为疫情不能外出的那段时间,我经常在网上和朋友进行聊天室聚会或Zoom聚会。

田岛　技术的进步不仅让婚姻关系更充实,对朋友关系也有同样的作用。即使老了以后也是如此。这段时间,我在推特上读了一本关于一位 89 岁的幸福女性的书[*25]，她每天都和住在外国的女儿用 LINE 电话交流。

阿尔　听到"靠自己想办法吧"这种话，就让我厌恶放弃政治责任的行为。但是政治和社会不会马上改变，所以我们需要女性之间的相互支持。

以前认为"女性是叛徒"

田岛　女性能像这样联结在一起真的很棒，我觉得这样很好。在我们那个时代，女性同胞还是被割裂的状态，根本不可能建立这样的联系。当时是女性之间即使关系变亲近，也难以互相信任的氛围。

阿尔　是从您儿时开始就这样吗？

田岛　不是，到初中那会儿都还是有很亲密的朋友的。你知道什么叫"送老鼠"吗？

阿尔　没有，第一次听说。是怪谈吗？

田岛　不是，初中的时候朋友说"我送送阳子吧"，然后就送我回家了。到家以后也不想分开，又换成我送朋友回家……然后又不想分开，又变成了朋友送我回家，就这样一直重复。

阿尔　这不是很棒嘛！我都心动了。

第 2 章 想结婚，还是不想结婚呢？

田岛 有什么可心动的啊。（笑）初中时和我这样两个人互相"送⋯⋯以后也像变了一个人一样，和我逐⋯⋯明白了。当时女性人生中最重要⋯⋯最宝贵的财富就是被男人爱。因⋯⋯的，而和女人的友情只能排第二。⋯⋯以后，和女性之间的友情又会萌⋯⋯的友情就是很难维持的吧。在我⋯⋯，第一个变亲近的女性就是驹尺⋯⋯法政大学并不受同事欢迎。我一⋯⋯徒"的偏见，对她也保持警惕，⋯⋯中，我对女性的信赖恢复了很多。⋯⋯和如今的我很不一样。

啊！

⋯⋯加女性集会。在那之前，我甚至⋯⋯以觉得难以置信；去了之后才发⋯⋯相同。

⋯⋯、使女性很难建立联系的时代，⋯⋯个意义重大的契机呢。

⋯⋯义者。我到现在都非常尊敬驹尺女士。

书名	作者
我的评分	阅读日期

最爱金句

我的书评

女性主义与女性朋友

阿尔　我在 20 多岁的时候也因为没有能聊女性主义话题的朋友而感到很孤独。但是现在我有很多女性主义朋友,所以很幸福。不过因为了解了女性主义,有时也会有寂寞的感觉。

田岛　是吗?为什么?

阿尔　因为和朋友之间会产生性别意识上的差距。和性别意识像是活在安土桃山时代[15]的人在一起的话,作为思维已经大幅升级过的一方,就会感到很疲惫。我经常收到关于这种烦恼的留言:"因为和女性朋友价值观不同而逐渐疏远了。""怎么才能交一个可以聊女性主义的新朋友呢?"

田岛　这也没办法。那就先让这段友谊告一段落,如果今后再见面的时候对方改变了,两个人的对话能变得更投机的话,友情就可以继续走得更远。

阿尔　是啊。每个人都是活在不断升级自己的过程中的,各自的节奏不同步也很正常。我觉得这种时候就先保持一点距离,去亲近那些与现在的自己合拍的人就好了。

田岛　如果苛求对方完美,就会产生矛盾。不过,大家都很想要女

---

[15] 指 1573—1603 年,是织田信长与丰臣秀吉称霸日本的时代。

性朋友呢。

阿尔　人生百年的时代，活得太久了，如果没有女性朋友的话，人生就太严酷了。

田岛　人都是会变的，所以其实不太可能一直和相同的人保持朋友关系。

阿尔　学习女性主义会提高视野的分辨率，看世界的方式也会改变，所以和那些没有装备女性主义的朋友渐渐话不投机了。聊到性暴力的话题时，还会听到类似"女性自己也有错吧""也有人是在做枕营业[16]吧？"之类对受害者进行二次加害(*26)的发言。

田岛　虽然令人不快，但我必须说，这种行为也是女性在受到男权社会的肆意诅咒之后，对其过度适应的结果。

阿尔　确实如此！她们根本不会察觉自己受到了诅咒。我很幸运地获得了"女性主义眼镜"，因此看到了分辨率提高后的世界，看到在男权社会被压迫的女性的处境。但是她们还戴着"父权家长制眼镜"，所以她们眼中的世界和我看到的不一样。

田岛　因为有人运气很好，没有痛苦的经历，所以也就在没有意识到这些的状态下过下去了。

---

[16] 指"性贿赂"，利用身体在工作中上位。

阿尔　我会告诉读者："你觉得痛苦，说明你已经升级了，所以请挺起胸膛吧。"但是也会遇到很多困难。比如就算 90 岁的老爷爷对自己说了什么让人不舒服的话，也只会觉得"因为是老爷爷，所以也没办法"。

田岛　毕竟想跟他们解释清楚这些很难。或许也可以试着告诉他们"但是我是这么想的"。如今 90 岁的人出人意料地有活力呢。（笑）

阿尔　确实很有活力。（笑）不过，如果是老爷爷的话还能不去计较，但要是被同辈的朋友那么说，就真的会受到很大打击了。如果因此让内心受到伤害的话，就只能暂时和这样的朋友保持距离了。有句话说"朋友就像盛开一季的花"[*27]，就像花会凋谢也会绽放一样，和朋友之间的距离有可能会拉近，也有可能会疏远。虽然和朋友逐渐疏远会让人感到落寞，但中断的友情有一天也可能复活，最终我们会留下那些适合"当时的自己"的人。

田岛　若即若离的关系才是最好的吧。不用被必须一直和睦相处、吵架了就必须一直反目之类的观念束缚。

阿尔　我也经历过因为性暴力话题闹翻的女性朋友后来联系我说"我明白你当时说的意思了"。所以就算暂时因为分歧疏远了，未来也可能会有能互相理解的一天。

田岛　嗯嗯，也许后来朋友也戴上女性主义眼镜，所以能看懂你当时说的是什么意思了。

阿尔　我收到过"在和朋友或伴侣分享阿尔的专栏的过程中，对方的性别意识增强了"这样的反馈。我希望自己能像这样帮到别人，所以才孜孜不倦地写专栏。

田岛　很好啊，这不是在帮助别人，而是在救其他人的性命。

阿尔　"女性主义的存在就是为了自己，为了我能生存，女性主义并不在遥远的前方。"我一直把老师的这句话当作标语。因为对自己的生活和人生有用的女性主义，就是田岛老师开拓的道路！

第 2 章 注释

*1 根据《无偿劳动的货币评价》(内阁府,2018 年)的数据,全职主妇的年收入大致可折算为 304.5 万日元。

*2 《逃耻》《逃避虽可耻但有用》的简称,海野纲弥所作漫画(讲谈社)。2016 年改编的电视剧放映后成为大热门,掀起了社会的热烈讨论。

*3 来源:第一生命经济研究所调查(2018)。

*4 孕妇骚扰(MATEHARA)maternity harassment 的缩略语。指在职场上因怀孕或生产而被解雇或停止雇用、遭受歧视的现象。

*5 妈咪路径 即使能够兼顾工作和育儿,还是会被委派负担较轻的工作,或无视本人意愿被下放到闲职的情况。

*6 《男人为什么那样会议》(《どうして男はそうなんだろうか会議》,筑摩书房,2022 年)。社会学者涩谷知美和作家清田隆之与不同嘉宾进行谈话的对谈集。

*7 就业冰河期 指日本泡沫经济崩盘后,1993—2005 年的就职困难时期。

*8 安托瓦内特 指玛丽·安托瓦内特,1755—1793 年,法国国王路易十六的王后。那句著名的"如果老百姓没有面包吃,那他们干吗不吃蛋糕?"现在已被证实并非安托瓦内特的发言。

*9 来源:内阁府男女共同参画局《关于结婚与家庭的基础数据》(2022 年)。

*10 来源:《令和三年租金构造基本统计调查》。

*11 反歧视行动(Affirmative Action)为了消除歧视,确保不同种族、性少数群体享有实质上的平等机会的一种积极行动方案(Positive Action)。

第 2 章 想结婚，还是不想结婚呢？

*12 **配额制** 根据性别、人种、民族等，按照一定的比例给少数人分配名额，是积极行动方案的一项内容。

*13 **医学部的不公正入试** 2018 年 8 月，东京医科大学对分数暗箱操作的事件曝光。此事曝光后，调查发现共有十所大学的医学部在入学考试中，对女性和复读生都有不公正对待。

*14 **阪神淡路大地震** 1995 年 1 月 17 日清晨，震源淡路岛北部发生了里氏 7.3 级、最大震度 7 级的地震，造成 6434 人死亡。

*15 **《瑞典托儿所里没有待机儿童》**（《スウェーデンの保育園に待機児童はいない》，东京创元社，2019 年）。引自第 146、150 页。

*16 **"能 24 小时保持战斗吗?"** 1988 年由三共（现为第一三共保健公司）推出的营养饮品"Regain"的广告词。

*17 **料理包（meal kit）** 包含食谱和所需食材、调味料的套装。让购买者省去思考菜单的工夫，做出既省时又美味的菜肴。

*18 **三种神器** 指 20 世纪 50 年代后期普及的黑白电视机、洗衣机和电冰箱。到了 20 世纪 60 年代，彩色电视机、空调、汽车等 3C 产品在日本普及。

*19 **消灭痴汉运动** 2010 年之后，随着推特上女性主义的盛行，在网上煽动男性利用高考统考当天考生不能迟到的心理进行性骚扰行为的言论被曝光。以女性为主的网友纷纷发声，在社会上建立了重视"瞄准考生的色狼"的舆论基础。神户的消灭痴汉行动，由神户市民诺拉、共产党的喜田结（兵库县议员）、松本典子（神户市议员）主导组织开展。要求兵库县警和关西的铁路公司加强大学入学考试当天的"痴汉"对策。之后神户市交通局也制作了呼吁"如果遇到痴汉，请不要犹豫，立刻拨打 110！"举报的海报，推进各种对策。

*20 **《爱的赞歌》** 法国歌手伊迪丝·琵雅芙的歌曲。著名的香颂歌曲,制作于 1949 年。

*21 **选择性夫妇别姓** 结婚后也允许夫妻双方选择是否各自保留婚前姓氏的制度。

*22 **《打算离婚的我还在维持婚姻的 29 个理由》**（《離婚しそうな私が結婚を続けている 29 の理由》，幻冬舎，2020 年）。

*23 **sisterhood** 女同胞之间的联合与羁绊。姐妹之爱。这是在妇女解放运动中使用的词语。

*24 **朋友村** 2002 年驹尺喜美在日本静冈县伊豆市建设的住宅型收费养老院。

*25 **《89 岁，一个人住。如何没有钱也能将日子过得幸福》**(《89 歳、ひとり暮らし。お金がなくても幸せな日々の作りかた》，宝岛社，2022 年)。

*26 **二次加害** 指责受害者的服装和态度等，轻视伤害等，对受害者说"没什么大不了的"之类的话让受害者痛苦。也称为"二次强奸"。

*27 作家深泽七郎的话。

因为社会是将男性视为主人公的，所以男人味、女人味的观念都根深蒂固，在这种社会环境中长大的人，不管是男人还是女人，都不会那么容易改变。但是因为大家都是人，所以只要想建立平等的、无话不谈的关系就能建立起来。

田岛阳子

假设政治家和管理人员九成是女性,大臣和管理人员都是中年妇女和老太婆。想象一下这样的画面,就会发现对女性的偏向太严重了吧。但情况如果反过来,人们就意识不到这一点,这是因为我们从出生那一刻起,就一直被灌输男尊女卑的观念,感觉已经变得麻木了。

阿尔特西亚

第3章
男女各自看到的景色差异太大了

网络上的女性抨击

阿尔 田岛老师也遭受过激烈的抨击,女性主义的历史大概就是反冲的历史吧。正如挪威童书《女人在战斗,自由,平等,sisterhood!》中所描写的那样,为争取自由和权利而斗争的女性很多都会被逮捕、关押和拷问。在日本,寻求参政权的女性也遭受了激烈的攻击,被骂是"脑子有问题的女人",2000年之后兴起了针对女性主义的彻底反攻,以及对性别自由的激烈攻击。一旦掀起女性主义的浪潮,想要摧毁它的浪潮就会接踵而至。2017年,由于伊藤诗织[*1]的告发,#MeToo运动和鲜花示威[*2]的影响力广泛蔓延至全国。如今被称为第四波女性主义,或者使用SNS的新女性主义时代,与此同时对女性主义的攻击也更广泛了。

田岛 不管是在哪个时代,都会有很多不允许女性追求自由和权利的人。

阿尔 最近网络上对女性主义的抨击越来越激烈了。YouTube上揶揄女性主义者的视频广泛流传,推特上的反女权、厌女账号也在不停攻击女性主义者。比如"宅男VS女性主义者",这样的对立结构就是这些人制造出来的。

田岛 为什么会变成这样呢?

阿尔　女性主义者提出"不要将性暴力当色情元素""不要对未成年人进行性剥削"等批判，被一些人曲解为"自己喜欢的漫画和动漫受到了攻击""女性主义者想干涉萌系漫画的创作"，于是开始抗议甚至诽谤中伤女性主义者。（这些事件包括）将巨乳角色的插画用在鼓励献血的海报上，或者《日经新闻》刊登主题为"帮你恢复元气"的使用女高中生角色的广告……针对类似事件的网络论战有过好几次，但女性主义者提出的也只是"请考虑一下TPO[17]""请慎重一些"这样的批判。明明没有否认涉及的作品和角色本身，但有一部分宅男宣称"自己喜欢的作品和角色被否定了""女性主义者是宅男的敌人"，对女性主义者进行无差别攻击。

田岛　好奇怪啊。感觉是为了攻击而攻击。如果不是的话，那就是单纯脑子不好使吧……跟这种人是没法沟通的。女性主义者会搭理这些人吗？

阿尔　也曾试图跟他们说明情况，但这些人压根就不打算听人说话，所以根本无法好好对话。所以很多人都是要么无视要么拉黑，不跟他们理论了。那些发送垃圾信息的人是你越搭理越来劲的妖怪一样的东西，我碰到这种人也是秒拉黑。

---

[17] 指时间（Time）、地点（Place）、场合（Occation）。

田岛　这样不是挺好的吗？我觉得，是因为女性主义者都说中了，让他们无法反驳，所以他们才故意曲解她们的意思，随心所欲地胡说八道。完全就是耍赖。那些人只是想打压言之有物的女人罢了。我认为女性主义者完全没必要搭理这些人。

阿尔　女性主义者明明说了"不要过来"，对方却还是一直凑上来。如果讨厌女性主义者的话，完全不理她们不就行了。

田岛　他们并不是用自己的理性在进行判断，单纯就是想打击女性而已，其实是看不惯女性提出自己的主张这件事本身吧。就是在耍无赖。

阿尔　就是这样。到现在他们还在说些"女性主义者就是在嫉妒女高中生""都是没人气的丑女的偏见"之类的话。

田岛　这些话太老套了。迂腐也要有个限度。

阿尔　我也经常收到"自己的洞没人要的老太婆的嫉妒"之类的攻击。

田岛　一想到他们现在还是那个水平，与他们为敌的同时，觉得这些人既可怜又可悲，还很愚蠢。但这些人一定会被淘汰的，只是时间的问题。

阿尔　因为觉得他们很愚蠢，所以才能唱"需要洞……需要洞和雪……let it go♪"这样的歌嘲讽他们。只是，我之所以能这样，是因为我没有受到那么严重的攻击。刚才提到的献血海报，一开始是一位喜欢动漫的美国男性在推特上批判："正因为我们要称赞红十字会的工作，所以我们才会对在宣传活动中使用带有过度性色彩的角色海报感到很失望。这种东西是有适合其出现的时间和场所的。用在这里是不对的。"我的一位女性律师朋友在他的发言基础上进一步指出了问题点，结果遭到了猛烈的抨击。毫无事实根据的谣言四处传播，她还遭受了很严重的恶意骚扰。

田岛　是语言骚扰吗？

阿尔　不只是语言，还会收到单向销售的包裹。比如收到货到付款的内衣什么的。

田岛　这算什么啊！这已经是犯罪了吧。之后怎么样了呢？

阿尔　还有其他女性也收到了这种单向销售的包裹，大家一起召开了记者招待会，表示"不会屈服于骚扰"，之后这种就没再收到过了。

田岛　这样啊，面对权威就老实了呢，不过他们真的太过分了。看到受害者开了记者招待会，发现事情闹大了就收手，这是把女性当傻瓜，自以为是。虽然我觉得跟他们纠缠也没什么用，但是，能这样彻底打败他们一次真是太好了。

阿尔　我也会无视他们，因为回应他们就是在给他们喂食鱼饵，只会让对方高兴。但是他们会传播谣言和诽谤中伤的内容，如果不否认的话，错误的信息就会扩散，真的很难办。我在看到别人受到这种侵害的时候也会大声制止施暴者。

田岛 的确如此。等到有人死了或者受到惩罚才意识到就晚了。有个女职业摔跤手就是这样去世的。

阿尔 木村花[18]对吧。语言的暴力会夺走人的生命。对他人施加身体暴力的加害者理所当然会受到惩罚，但遭受语言暴力的受害者却要被劝说"别太在意"，这太奇怪了。最近针对网络暴力的法律终于逐渐完善了，我想对那些骚扰别人的人说一句"你们就洗干净脖子等着吧"。

田岛 说到底，他们并不是为了应对世界的变化，而是因为觉得自己的工作受到干扰而进行了反击。他们应该知道自己必须改变吧。但是又觉得不能就那么简单地听了你们这些二等公民的话。可能做这些也是为了发泄心中的郁闷吧。

阿尔 如果对这种偏见和歧视置之不理，最终就会演变成暴力行为，有一张名为《憎恶金字塔》(*3)的图展示了这种暴力层次的变化。小田急线伤人案[19]的凶手说："我想杀一个看起来很幸福的女人。"制造 Utoro 纵火案(*4)的犯人说："我想让

---

[18] 木村花（1997—2020）女子职业摔跤选手。因参加真人秀节目《双层公寓》获得知名度，也因参演节目在网上受到大量恶毒的攻击，最终轻生。
[19] 2021年8月6日发生在东京小田急线电车内的持刀伤人案，共有10人受伤。

雅虎评论民[20]能热烈讨论这件事。"

田岛　在这个网络上的偏见和歧视有可能演变成现实犯罪的时代，更不能容忍这种行为。

阿尔　真的。因为有人在现实中煽风点火。人们信奉各种各样的政治信条是理所当然的，因为这就是民主主义。我想强调一下，这绝不是保守派和自民党支持者的错，问题在于一部分恶劣的网右(*5)。在推特上有很多人同时运作网络右翼和厌女账号。点进那些发信息攻击我的账号，发现很多人都在转发歧视女性和种族歧视的内容，同时给这些内容评论"这才是爱国者"。我觉得这对那些真正的爱国人士来说也是一种困扰。

田岛　自由主义的男性会站在你这边吗？

阿尔　当然也有赞同女性主义并与女性主义者联合起来的男性。但是，有些男性明明很关心歧视和人权问题，但一提到性歧视和性暴力，态度就变了。他们会拥护男性性暴力加害者，对女性进行说教或"男性说教"(*6)，被拆穿之后还会大发雷霆。

田岛　真不像话。这些男人都是通过俯视女性来勉强维持自尊心的。

---

[20] 原文"ヤフコメ民"，指喜欢在雅虎新闻评论区留言的用户群体，在日本网络上是保守、自以为是、低智的形象，大部分日本网民对其评价都非常低。

这些内容都是实名发表的吗?

阿尔　有些学者、律师或者记者,会实名发表攻击女性主义者的言论。也有因为这个问题而丢了工作的。

田岛　他们真的会因此反省自己吗?

阿尔　虽然当事人会谢罪,但之后就会有人说"他丢了工作都是你害的""这是取消文化(cancel culture)[21]"之类的话来攻击受害者。这就是Himpathy[*7]吗……真是让我大跌眼镜。

田岛　器量也太小了。我忍不住想阴阳怪气地送上一句"可算找到发泄压力的出气筒了,真是太好了呢"。

阿尔　他们用言语攻击女性,让自己沉浸在"老子是强大的男人"的优越感里。在反女权的圈子里可以获得其他伙伴的称赞,满足了他们想被认可的需求吧。

田岛　炫耀自己"我狠狠教训了不知天高地厚的女人!"让他们心情很好吧。真是无可救药。

阿尔　不过这些人虽然动静很大,但毕竟是少数派。我认为,打压女性主义者的其实只是一小部分男性,更多的男性是具备良知的"无关心的好人"。艾玛·沃特森在联合国发表的演讲

---

[21] 指在网上发起的抵制行为。知名人物或企业因为说了或做了一些令人反感或不能接受的言论或行为,被各种舆论抵制,其工作机会、商业代言、企业赞助,甚至其网络影响力"被取消"。

中提到过："邪恶想获胜很容易，只需要善良的男女坐视不理。"[22] 这句话说的，正是那些沉默的好人。我希望写点什么给这些人。

田岛 通过语言把观点传达给很多人，这是只有少数人才能做到的，所以我很欣赏你这样做。从这点上来说，我觉得你简单易懂又风格独特的文章非常有用。

阿尔 谢谢您。我想写出能让那些认为"女性主义很难，很无聊"的人觉得"出乎意料地有趣"的东西。

田岛 我觉得你写的东西对于刚开始对女性主义感兴趣的人来说很容易理解。虽然我不懂你书里讲的那些关于漫画的故事，但就算不懂不是也能看得很开心嘛。（笑）还有"猛拍膝盖"这种幽默的表达方式。何止是不关心的人，就算是不想听这些人看了应该也会被逗笑吧。

阿尔 要是那样就好了。至于网上的喷子，可能知道我是那种"即使攻击也没什么用"的人，所以也不怎么攻击我了。因为他们就是想看到对方受到伤害后变得软弱的样子，所以一旦知道对方不会变成自己的玩具，自然就离开了。

---

[22] 艾玛·沃特森的演讲中引用了18世纪英国政治家埃德蒙·柏克的名言：邪恶盛行的唯一条件，是善良者的沉默。（The only thing necessary for the triumph of evil is for good men to do nothing.）

田岛　他们就是在和理自己的女人耍赖。因为不把女人放在眼里，所以才一边想着"这点事没什么大不了的吧"，一边凑上来。觉得不甘心吧。

阿尔　我碰到过好多次说自己硬了，然后给我发来阴茎照片的骚扰私信。

田岛　果然。今后女性主义的影响会越来越深入，攻击女性主义者的人也会越来越多吧？所以我想，我们必须从小就对孩子做好性别教育和性教育。

阿尔　确实如此。我经常和女性主义者的朋友们聊，首先我们该做些什么，才能让男孩不要陷入厌女的泥沼里呢？在男校上性别教育课时，从学生那里听到很多像是"解除了'女性主义者＝投诉萌系漫画的人'的误会""原以为会来个无法沟通的可怕阿姨，没想到和你连漫画的趣味也很相投，太让人惊讶了"之类的感想。还有说"阿尔特西亚是个这么有活力的人真是太好了！"的，被初中生夸我有活力了呢。（笑）

田岛　多亏了你，让人感觉未来似乎还是光明的。如果这一代的人都能这样，有机会在年轻时就在现实中认识女性主义者就好了。

如何向伴侣解释女性主义?

阿尔　我丈夫虽然不会要求我有女人味,或者扮演好妻子的角色,但我还是经常觉得我们两人看到的世界截然不同。

田岛　什么时候会让你有这种想法呢?

阿尔　比如坐出租车的时候,女性不是时常会碰到司机对自己态度很无礼,或者说一些性骚扰的话吗?我和丈夫说了这些之后,他说:"碰到这种情况直接反呛回去就行了啊。"我反驳他:"像你这样强壮的男人是不会被这样对待的。"

田岛　当然不会被那样对待了。他那样的人是绝对不会被这样轻视的。

阿尔　在封闭的房间里,因为害怕对方会对自己做什么,只能挤出笑脸应付过去,不知道有过多少次这种经历的人,和从来没有被人用轻蔑态度对待过的人,两者眼中的世界是截然不同的。

田岛　那之后你和丈夫好好讲清楚了吗?

阿尔　我跟他说"你坐那儿好好听着",然后开始一点一点和他解释。我还经常在 LINE 上跟他分享我的专栏文章让他读。

田岛　你能做到这些就很好了。

阿尔　我经常收到读者反馈说"读了您的专栏以后,我丈夫的性别意识提高了",所以我希望可以好好利用自己的文章。如果是能好好阅读我的文章的伴侣,大概是那种能好好倾听别人的话的人吧,我想这样的人是有可能更理解我们的。

田岛 《我的疯狂女性主义者女友》(*8)[23]这本小说很有趣,但我读完总有种少了点什么的感觉。原来是因为书里的女友完全没有向他解释过女性主义。

阿尔 她已经放弃了。我觉得这个设定非常贴近现实。要和男性事无巨细地解释这些真的很费劲。要是对方打断我并且说些"不过话说回来"之类的屁话来驳斥我,我也会立刻火冒三丈然后和他吵起来。还有很多男性会误会妻子说这些就是在责备自己,然后发脾气。很多读者看完这本书以后都说"主人公胜俊感觉很像我丈夫/前男友,让人觉得很烦躁"。

田岛 女友会和胜俊发生性关系,却一点也不向他传授女性主义的理念,所以我觉得她很冷漠。

阿尔 就像男性只把女性当作用于性交的洞一样,书中也有女性主义者女友只把胜俊当作棒来对待的场面。

田岛 把"别废话,自己想吧"这种以前男人对自己的态度,以其人之道还治其人之身了。作者是想直观地展示男人究竟对女

---

[23] 中文版名为《她厌男,她是我女友》,此处按照原文日版书名翻译。

人都做了什么吧。

阿尔 我想这是镜像（mirroring）[*9]的表现手法。胜俊说"但是男人也很痛苦啊"，谈到性暴力的时候又说"但是其中也有冤案吧"，实在是过于真实，看的时候差点气晕了。（笑）生气的同时我想到，如果跟他说"你会对交通事故的受害者说'可是也有碰瓷的人啊'这种话吗？"来反驳的话多好。

田岛 要是书里能像这样，两个人交流彼此的想法多好。

阿尔 但是女友即使给了胜俊关于外貌至上主义（lookism）[*10]的书，他也完全不看。完全看不出有打算自己主动学习的样子。

田岛 即便如此，他并不是网上不认识的男人，而是男友对吧？我觉得她对自己的男友好好说明就好了。我很想看看她是怎么跟男友说明的。

阿尔 的确，如果女友和胜俊能更认真更深入地交流的话，也许结局会截然不同。但是我觉得作者就是不想写一个 happy ending（大团圆结局）。因为现在这样感觉更真实。

田岛 对这种过着教科书式男权社会生活的男人，只是稍微说明一下是无法达成 happy ending 的。（笑）

阿尔 胜俊直到最后都在试图改变女友的"偏执思想"。他像念经一样不停念叨着"她以前明明是个正常的女孩子"，兀自沉浸在"她被偏执思想洗脑了，我要拯救她！"的英雄主义里。跟这种男人即使沟通也没什么用，我很理解女友放弃和他沟通的心情。

田岛 女人和男人看到的世界截然不同，所以只是简单聊聊的话，是很难让男人理解的。我觉得哪怕只有两三次也好，费尽口舌尽力去和他们说明就好了。

阿尔 我看完《我的疯狂女性主义者女友》这本书以后，写了一篇标题为《男人和女人，谁才是疯了的那个？》的书评。有女性读者给我发来了"我给丈夫看了这篇书评以后，他去买了这本书来看，看完以后跟我说'对不起，一直以来都是我做得不对'"这样的反馈。

田岛 好棒，还是有知道好好反省和道歉的男人的。真是一桩佳话啊。

阿尔 也有胜俊这种无可救药的男人。（笑）最让我生气的是，女友越是脆弱的时候，胜俊似乎就越高兴。他把女友遇到的危机当作"终于能展示我是一个靠得住的男朋友了"的机会，我只想说你脑子进水了吧。

田岛 换句话说，"想要保护对方"就是"想要不会让自己害怕的柔弱女性，无法靠自己站起来的无力的女性"。这并不是为了伴侣，而是自我陶醉。

阿尔　我在文章里也写过这个："我一听到唱'我想守护你'之类歌词的歌就忍不住纳闷：'守护什么？怎么守护？'不用守护我也行，我只希望你能好好听我说话。希望不是把我当作'女人'，而是当作'一个人'来尊重。"[*11] 女性读者看到我说的这些话，全都猛拍膝盖呢。

田岛　"希望好好听我说话"就是我们最想要的。

阿尔　《以爱为名的支配》这本书里也写过"即便如此，男人还是会说'女人是弱者，所以需要男人保护'。在当今这个时代，要保护女人的话，最该做的就是解决女人需要男人保护这种状况。这才是真正的男人的温柔吧"[*12]。田岛老师在三十年前也说过同样的话。您说那些呼吁"不要歧视女性，停止性暴力"的男人，才是保护女人的男人。

田岛　你之前还做了视频吧。拍的是在酒会上有女性被性骚扰，男同事提醒上司"这是性骚扰哦"。那个视频真是太有用了。真不错啊。

阿尔　那是和Shiorine[*13]一起创作的"#Active Bystander = 采取行动的旁观者[*14]"这个话题的视频。已经被厌女腌入味儿了的大叔完全不会听女性说话，所以让男性来说"那是性骚扰"会更有效果。如果让女性来说的话，只会被轻巧地调笑道"某某小姐真是好吓人啊"。我希望男性不要对性暴力睁一只眼闭一只眼，而是要成为积极发声的人，所以才把视频的主人公设定为男性。

田岛　不久前在《说到这里委员会NP》节目中，一位女嘉宾提到了"（在以前的综艺节目中）有时会被搞笑艺人从身后狠狠抓住胸部……"这样的故事。但她讲完又继续说："那个搞笑艺人只是拼命想让人记住自己才这样做的，所以我心情也没那么不好。"我不禁在心里吐槽："真让人不舒服啊，这是对男权社会的过度适应。"但是因为嫌麻烦，我什么都没说，但主持人野村明大[*15]先生说"可是不管有什么理由，都不能成为抓人胸部这种行为的借口"。我真想给他鼓掌。

阿尔　噢！这就是男性说了"不，那是性骚扰"的实例。

田岛　没错，我听他这么说觉得特别高兴。所以特意去拜托工作人员说"千万不要剪掉明大先生的发言"，他们回答我"虽然不知道节目尺度的要求，但一定会尽全力保留"，节目播出后，这段发言没被剪掉，顺利播出来了。

阿尔　希望男性可以更多地展示这样的姿态。"Active Bystander"这个词是我从一位在美国出生的翻译朋友那里学到的。我从她那里得知在美国有"Active Bystander"这个词，据说有些学校通过引入第三方干预项目，减少了性暴力事件的数量。比如，在教室里发生霸凌事件时，如果周围的人认为"我又没有欺负人""这和我没关系"而视而不见，加害者就会为所欲为。明明有可以做的事却什么都不做，其实就等于是消极地参与加害。希望有更多的男性能成为男孩们的榜样，能提醒他们"那是性骚扰哦"。

田岛　一般来说，男人在被男性提醒的时候才会端正自己的态度。被在他们眼里低自己一等的女性提醒，怎么都会觉得不服气。男性对女性的蔑视是根深蒂固的。

怎样对孩子进行性教育？

阿尔　我经常听到有人说，和丈夫无法互相理解，觉得很烦恼。"和丈夫一起教育孩子是不可能的任务"是很多女性的烦恼。

田岛　比如呢？

阿尔　比如和儿子一起看动漫的时候，有时会出现不小心看到女生内裤或手意外碰到女孩胸部之类的"幸运色鬼"剧情，或者掀女生裙子的场景，这时妻子跟儿子说"触摸或窥视私密部位[*16]会伤害到对方，所以不可以这么做"。但是，丈夫听了这话之后却说"不用那么较真吧"。怎样才能弥补这种意识上的差距呢？

田岛　这种情况不是现在才开始出现的。如今女性主义的风潮兴起，女人的意识也改变了，所以可以直接说这样不行，但过去女性也在无意识中接受了这样的事情。

阿尔　我觉得以前有些女性是不敢说出来，而有些女性则是压根儿没有意识到这样是不行的。但是，直到现在还有很多男性仍然没有意识到这样不行，所以男女之间的差距越来越大了。

田岛　女性也可以试着耐心和他们说明一下呀。"以前我也没有对这些事有过什么疑问，但现在我觉得很奇怪。我觉得非常讨厌。""我觉得非常讨厌"这句话最重要的地方就是用"我"来做主语。"所以，为了不让我们的儿子给别人带来不快，希望你也能帮忙。"

阿尔　是这样。为了让孩子不要成为加害者，也不要成为受害者，需要两人一起组队合作去教育孩子。

田岛　很多女性都很难向丈夫提出自己的主张，如果能好好地把自己的想法说出来就好了。虽然我明白她们会有顾虑，但我觉得应该更开诚布公地把自己觉得反感的那些事好好讲出来。

阿尔　我经常会讲自己的经历。比如"我也曾经因为痴汉和性骚扰遭受过很严重的伤害，直到现在也忘不了"。因为男人和女人看到的世界截然不同，所以丈夫是真的对妻子遭受过性暴力伤害的经历一无所知。

田岛　嗯。所以用"我"做主语非常重要。

阿尔 因为讲述自己的受害经历很痛苦,所以我推荐用书信或邮件等文字形式。写成文章的话,既能把想说的内容说出来,也可以让对方反复阅读以加深理解。如果不专门告诉对方"我有重要的事情要说",很多丈夫是不会认真听妻子说话的。其实真正想做的是劈头盖脸训斥对方:"你也要学习如何做性别教育和性教育啊!你难道不是孩子的家长吗?!"

田岛 是啊。不是让女性忍忍就行了。如果希望夫妻二人可以相互协作、相互理解,共同组成一个养育孩子的团队,那么男人也必须行动才行吧。我觉得只要好好沟通,男人就会明白的,因为他们一直以来都只把女性当成洞和袋了。

阿尔 如果不能好好沟通互相理解的话,男女之间的鸿沟就无法填平,女性主义也很难取得什么进展。

田岛 虽然我也理解大家的怨气,但我们必须把女人内心深处厌恶的那些事情,用语言清晰地表达出来。

阿尔 从呱呱坠地的瞬间开始就以不同的性别生活至今,感受到的东西不一样也是理所当然的。在承认彼此差异的同时,通过讨论加深理解,我认为这就是民主主义。我偶尔也会一边和丈夫吵得不可开交,一边努力和他探讨这些问题!

男性表露脆弱的时候

田岛　虽然我们聊到男性生活的艰辛时，总说"男性也要吐露自己的脆弱"，但也有女性会对男性不再活得像个男人这件事抱有否定的态度吧？

阿尔　在女性主义者中这样的人很少见，但是从社会整体来看，的确有这样的人。

田岛　当男人开始抛弃男子气概的时候，他们还必须考虑女人对此能容忍到什么程度，能不能将其作为一种变化来接受。做出这种改变的男性表现出好的一面的时候倒是没什么。但是，当男性表现出脆弱的一面时，不要说"明明是个男人，还这么脆弱"，或者当男性不主动请客时，不要说"明明是个男人，却这么小气"之类的话。

阿尔　我读过枝野幸男先生的妻子和子女士的书[*17]，和子女士对儿子说了"你一个男孩子别哭哭啼啼的"以后，枝野先生冷不丁来了一句"这样说可不好哦"。（笑）还有像他们这样丈夫的性别意识更强的夫妻呢。

田岛　真不错啊。（笑）没错，即使是女性，也有把男权社会那种大男子主义的思维方式完全内化的人。

阿尔　我之前和 Seyaroguy 叔叔[*18]对谈的时候，聊到过"因为自己（对女性主义和性别平等）还很无知，所以如果去拜托别人'教教我吧'，也有人会顺势承担起讲师的角色"，以及"'生活在男性更占据优势地位的日本社会，我享受着特权''我有时也会在无意识中压迫女性'都是事实。如果我一直都意识不到这一点的话……现在想到都让我觉得毛骨悚然"。还有，我看了令和新选组的山本太郎[*19]在街头讲话的视频，山本说："我对这件事不太了解，如果有谁了解的话能告诉我吗？"承认自己的无知，并说出"我不懂，请教我吧"，这对摆脱男子气概的诅咒是很重要的。

田岛 山本以前来过《说到这里委员会NP》，但是当时他在辩论中完全说不过别人。最近他变了很多呢。我想他是认真学习过了。因为很多男性都无法坦诚地对别人说"请教教我吧"，所以能说出这句话的人真的很厉害。

阿尔 如果能从"有知识的人、教授知识的人地位更高"这种上下级关系或者胜负关系的思维方式中解脱出来，男性就会活得更轻松。当然，Seyaroguy的妈妈似乎是女性主义者。果然父母对孩子有很大影响。

田岛 父母对孩子的影响确实很大。如果父亲蔑视母亲的话，孩子也会受其影响变得轻视女性。

阿尔 我的表弟是个网络右翼。以前是个天真可爱的少年，但是他父亲是个反共右翼，还会家暴，于是他也继承了家庭里的男尊女卑观念。

田岛 孩子会把离自己最近的父母当作范本。问题是成年后的男性能否摆脱父母的影响。

阿尔 完全摆脱不了。我表弟完全就是他父亲的翻版。下次给他寄贺年卡的时候，就写"好久不见，我现在作为女性主义者，正在和共产党的女议员们一起开展消灭色狼的活动"吧。（笑）不过，虽然我表弟这个样子，但他其实也不是坏人。

田岛 普通的有良知的男性，一不留神就可能成为女性歧视主义者。

阿尔 的确如此。几年前，我去参加前公司的同期聚会，男同事说了很多像是"你的胸还是这么大啊""我真想跟你来一发"之类的性骚扰发言，但他们都是结了婚有了孩子的"普通的好爸爸"。

田岛 在职场上说"你真漂亮""你的身材真好"的男人到处都是，完全把女人当成傻瓜。他们认为只要赞美外表，女人就会高兴。但就算女人会因此高兴，也会因为心里清楚自己被当成了性对象而不悦。

阿尔 如果指责他们"这是外貌歧视哦"，他们就会倒打一耙，怒斥："我是在夸你，你怎么这样！"住在瑞典的朋友告诉我，在瑞典，"不以貌取人""不提及他人的外表"是连孩子都知道的基本道德准则。"不管对别人的外表有什么想法，说出来都是违反礼仪的"是常识，所以贬低的话自不必说，夸奖基本上也是 NG 的。

田岛 瑞典的人权意识和性别意识已经进步到这种程度了啊。

阿尔 这也是TPO的问题吧。恋人之间可以随意说"亲爱的你真美"，但在工作场所，外貌如何又有什么关系呢？有些女性会被人说"长得漂亮就是有好处啊"，工作能力得不到公正的评价。但是无论男女，我想都有很多人被"外貌歧视"所伤害。男性被随意欺负的情况也是存在的，我想这个社会应该成为可以守护所有人尊严的社会。

给男性也树立女性主义者的榜样

阿尔 田岛老师知道 BTS[24] 这个偶像组合吗？

田岛 知道。在全世界都很有人气对吧。

阿尔 他们好像每次出新歌之前，都会请性别问题的研究人员来检

---

[24] 防弹少年团，成立于 2010 年的韩国男子音乐团体，在世界范围内享有很高的知名度。

查歌词。

田岛 啊，这个我也听说过呢。

阿尔 之所以这么做，是因为以前他们曾因歧视女性的歌词和发言被批判过。听说他们对过去的失败道了歉并承诺改正。重要的是，他们真挚地接受了批评，并且为了进步而努力。被批评的时候，很多人都会用"对不起，让你不愉快了"这种轻描淡写的话来道歉，这是不小心放屁了的时候该说的话吧。

田岛 确实。（笑）必须说清楚问题出在哪里，以后如何解决。果然像BTS那样以走向世界为目标的人们，所处的高度是不同的。

阿尔 这样的态度反而会受到称赞，所以BTS才会成为在全世界都受到喜爱的组合。我觉得对这件事持续进行批判的粉丝也很了不起。在日本，批判的一方经常会被抨击，被要求"不要攻击""不喜欢的话就不看好了"。

田岛 这是常有的事。批判的一方还要和说了就要被抨击这件事做斗争。如果输了，批判就无法成立了。"不要攻击""不喜欢的话不看就好了"之类的都是一些多管闲事的废话，不理会就好了。

阿尔 还有，如果批判带有性别歧视意味的表达，就会迎来如同赤潮一般的"不要侵犯表达的自由"的批评，我只好像敲响除夕夜的钟声一样不断地说着"表达的自由并非不被批判的权利，批判也属于表达的自由"。（笑）老师是怎么想的呢？

田岛 真是让人猛拍膝盖啊。（笑）即使对于莫名其妙的批判，你也能堂堂正正正面对，有理有据地与之辩论，真是干得漂亮。像这种网络右翼，觉得自己对女人说什么都行，如果对他们全都一一回应的话会让自己无比疲惫。所以从某个时期开始，我决定完全无视。有时候我早上一看到秘书的脸，就知道收到了内容很过分的邮件。即便如此，我也不做任何回应，一直到现在都是如此。

阿尔 因为那种从一开始就不想听人说话的人是无法进行对话的。回到 BTS 的话题，因为韩国的人口比日本少，所以如果不努力进军国际市场的话就赚不到钱。为此，就要求他们必须具备世界标准的人权意识和性别意识。如今，韩国在音乐、影像、文学等方面也都处于世界领先地位。而日本到现在还是一种"只要国内的人接受就行了"的感觉，所以才一直停滞不前吧。

田岛 那日本的女性也把自己想"推"的歌手们朝着具备世界性的方向培养，怎么样？日本一直这样下去的话，各个领域都会加拉帕戈斯化[25]。

阿尔　但我们不可能活得像加拉帕戈斯象龟那么久，所以如果不尽快改变的话就麻烦了。（笑）美国有一部纪录片叫《被误解的女性：女性歧视与媒体责任》(*20)，里面有这么一句话："如果没有榜样，女孩就无法以此为目标。"例如，如果问一个7岁的孩子"想当总统吗"，回答"想当总统"的男女人数几乎相同。但是如果问15岁的孩子们，回答"想当总统"的女生的比例一下子就减少了。因为到了15岁就会被灌输"政治是男人的东西"的观念。

田岛　要想象没见过的东西是很难的。

阿尔　女孩也需要有领导地位的女性榜样，男孩也需要有提倡性别平等的男性榜样。看到像BTS一样的进步男性，男孩们就会产生"想成为那样的大人"的想法吧。

田岛　不管是在政治家中、在家庭中、在学校，还是在媒体上，榜样的存在都非常重要。

阿尔　昭和时代的男孩子憧憬的是那种"充满男子气概的男人"吧。比如摔跤手或者棒球选手。

---

[25] 日本商业用语，指在孤立环境下，独自进行最适合本地的进化，丧失了对外交流，陷入被淘汰的危险。加拉帕戈斯群岛是位于东太平洋的一处群岛，因为远离大陆，环境封闭，独自进化出了许多奇异的物种，启发了达尔文的《物种起源》。

田岛　我看到最近的年轻男性，即使还没有达到成为女性主义者的程度，但感觉已经不再是以前那种大男子主义的男性形象了。比如也会使用化妆品之类的。我觉得这样的变化很好，但是有很多人做的事情依然是大男子主义的。比如在电视上看到恋人互动的场面，会发现很多人对自己的恋人都用的是低一级的称呼。比如"你这家伙"[26]。

想变美的丈夫和不想脱毛的妻子

阿尔　说到男性的变化，最近化妆和脱毛的男性越来越多了。

田岛　在电视上经常能看到。

阿尔　还有享受护肤、化妆和美甲，还会做全身脱毛的男性。如果去那种不限男女的脱毛沙龙，有时候男性顾客比女性还多。

田岛　脱毛是因为觉得自己剃麻烦吗？

阿尔　应该也有人是因为这个，但更多人还是因为"想变得漂亮""脱毛之后自己更舒服"。

田岛　这样啊。普通男性的爱美意识，居然有这么大的变化啊。

---

[26] 原文为"お前"，在日语中一般是上级对下级、长辈对晚辈等高位者对低位者使用的"你"的称呼。

第 3 章 男女各自看到的景色差异太大了

阿尔　我有个 20 多岁的女性朋友的丈夫对自己的外貌很自卑，比如觉得自己毛发太浓密了，在妻子的劝说下，他开始去脱毛沙龙和修眉的美容院，朋友说他"最近一照镜子心情就会好起来"。后来他还开始做皮肤护理，对时尚也产生了兴趣，也开始去时髦的咖啡店。完全进入了"美容就是自尊心的肌肉训练"[*21]状态，据说他现在天天都说"男人也应该更加注重自我保养"。

田岛　不管是男人还是女人，如果皮肤让人有不干净的感觉的话，即使是恋人也不会想抚摸吧。不过话说回来，消费主义也真是厉害。马上就顺应潮流推出男士护肤精华，脱毛诊所也准备就绪。另外，中性的服装也卖得很好，只要能赚钱，思维转换得要多快有多快。如果能把这一点巧妙地利于男女两性的解放就好了。

阿尔　不仅仅是美容，不懂自我保养的男性会损害自己的健康，因而早死，所以懂得自我保养，爱惜自己的话，男性自己也会变得幸福，而女性也能从照顾他人的角色中解放出来。还有一点，不会爱护自己的人也无法珍视他人。我觉得如果不懂要好好对待别人的身体，就会导致暴力和性暴力。

田岛　嗯嗯。一直以来，男性都是在年轻时把照顾自己的责任交给母亲，结婚后又交给老婆。不过，再怎么说，这些女性也没办法连儿子和丈夫的皮肤护理也照顾到吧……不对，或许是认为男人只要能赚钱，皮肤什么的无所谓？！

阿尔　我想很多男性从来没有想到过还要护肤吧。顺便说一下，刚才说的那位丈夫沉迷于美容的妻子是完全不脱毛的类型，问她理由，她说"因为感觉那样更有威严"。（笑）

田岛　性别平等的夫妻真是自由，真好啊。可以这样坦诚地说这种话也让人感觉很好。

阿尔　不管是想变美的丈夫，还是不想脱毛的妻子，都很棒。不拘泥于男人味或女人味，就能拥有更多选择，更自由地生活。对了，这对夫妻结婚的时候，丈夫说"我对自己的姓没有什么执念"，所以改成妻子的姓。

田岛　真不错啊。现在有很多这样以前根本无法想象的情侣，他们应该很快乐吧。

阿尔　像这样践行性别相等的男子，因为改了妻子的姓，也会被职场上的大叔嘲笑"你是入赘女婿吗？""被媳妇儿骑在头上了"。希望这样的大叔们赶快退休，早点实现世代交替吧！

第 3 章 注释

*1 **伊藤诗织** 1989 年出生,记者,著有《黑箱:日本之耻》(《Black Box》,文艺春秋,2017 年)。

*2 **鲜花示威** 2019 年 3 月,因法院屡次把性暴力相关案件判决无罪,日本多个城市从同年 4 月 11 日开始的抗议行动。人们拿着鲜花,进行抗议性暴力的演讲和示威。

*3 **《憎恶金字塔》** 用金字塔图来表现如果对偏见置之不理,就会造成歧视,并逐渐导致暴力行为,最终发展为种族灭绝(对特定集团的屠杀)。

*4 **Utoro 纵火案** 2021 年 8 月 30 日,在京都府宇治市 Utoro 地区发生的纵火案。该地区居住着众多在日韩国人,被告人在审判中提到了对韩国人的敌对情绪。

*5 **网右** 网络右翼的简称。指在网络上发表右翼言论的人。

*6 **男性说教** Mansplaining。由 "man(男性)" 和 "explain(说明)" 两个词组合而成。指男性居高临下地对女性说教的现象。

*7 **Himpathy** 指男性对因性暴力和性别歧视而受到批判的男性产生共鸣。

*8 **《我的疯狂女性主义者女友》**(韩)闵智炯著,加藤慧译(East Press)。在韩国大受欢迎的长篇小说。故事从主人公胜俊偶然与分手 4 年的前女友相遇,发现她已成为女性主义者开始。

*9 **镜像(mirroring)** 为了传达对女性歧视言行的异常性,对男性做出同样的行为。例:对女性说 "你的胸部好大啊"。→对男性说 "你的鸡鸡好大啊"。

*10 **外貌至上主义(lookism)** 基于外貌将人分为三六九等。外貌歧视。

*11 《男人和女人,谁才是疯了的那个?》(《男と女、狂っているのはどっち?》)

2022 年 7 月 1 日发布。(https://www.gentosha.jp/article/21271/)

*12　出自《以爱为名的支配》P237。

*13　Shiorine 1991 年出生，助产士，视频博主。以 YouTube 为中心做性教育的宣传。著有《CHOICE 为了自己选择的"性"的知识》(《CHOICE 自分で選びとるための「性」の知識》, East Press，2020 年)、《想着非做不可 超初级性教育支持 BOOK》(《やらねばならぬと思いつつ 〜超初級 性教育サポート BOOK 〜》, Hagazussa Books，2021 年) 等。

*14　#Active Bystander = 采取行动的旁观者（https://youtu.be/sp1e9hKZ97w）

*15　野村明大 1972 年出生，读卖电视台主持人、评论员。

*16　私密部位 嘴、胸部、性器官、臀部。即使是父母，也不能随意触摸、窥视，或者反过来随意触摸、窥视对方。也称为"私密区域"。

*17　《枝野家的秘密：福耳夫人的 20 年》(《枝野家のひみつ 福耳夫人の 20 年》, 光文社，2019 年) 枝野和子著。

*18　Seyaroguy 叔叔 1987 年出生。搞笑组合 LIPSERVICE 的吐槽担当。在 YouTube 上发布身穿红色兜裆布，以冲绳的海为背景大喊着发表针对社会问题的意见的视频。在"wotopi"上做的访谈报道于 2021 年 7 月 26 日发布。(https://wotopi.jp/archives/116134)

*19　山本太郎 1974 年出生，日本左翼政党党令和新选组代表，前演员、艺人。

*20　《被误解的女性：女性歧视与媒体责任》(Miss Representation) 导演：珍妮弗 · 西贝儿，2011 年出品。

*21　"美容就是自尊心的肌肉锻炼" 出自为女性杂志撰写美容文章的作家长田杏奈的书名。由 P-VINE 于 2019 年出版。

当男人开始抛弃男子气概的时候，他们还必须考虑女人对此能容忍到什么程度，能不能将其作为一种变化来接受。做出这种改变的男性表现出好的一面的时候倒是没什么。但是，当男性表现出脆弱的一面时，不要说"明明是个男人，还这么脆弱"，或者当男性不主动请客时，不要说"明明是个男人，却这么小气"之类的话。

田岛阳子

田岛老师救了我

从呱呱坠地的瞬间开始就以不同的性别生活至今，感受到的东西不一样也是理所当然的。在承认彼此差异的同时，通过讨论加深理解，我认为这就是民主主义。

阿尔特西亚

第 4 章
活得辛苦
不是我的错

重新审视家庭的存在形式

田岛　我希望所有单身育儿的人都能得到法律上的援助。日本对家庭的尊重有点奇怪，对孩子的人权和女性的人权都不重视。或者说，日本对家庭的重视反而掩盖了这种无视。

阿尔　"家庭内部的事应该在家庭内部解决"的社会压力非常大。

田岛　我要讲讲我第二次去英国留学的时候（1980年）的事。我的一位女性朋友是独身，但是有三个孩子，而且三个孩子有不同的父亲。每到周日，三个孩子的父亲都会去她家，和孩子们一起 DIY 做手工，或者帮忙做家务。他们各自都有自己的家庭，但是同时也在好好照顾着前任伴侣和孩子。

阿尔　日本现在像这样自由的家庭模式也越来越普遍了。

田岛　我想起了我很喜欢的一部荷兰电影《安东尼娅家族》(Antonia)。

阿尔　是讲什么的电影呢？

田岛　简单来说就是寻找精子的故事。有一天，女儿说自己想要孩子，妈妈就和女儿一起坐在街边的长椅上，寻找可以和女儿配对的男人。之后妈妈把女儿和男人送到酒店，性行为结束，妈妈帮着女儿倒立。

阿尔　倒立是为了让精子进入子宫对吧。那女儿生下孩子以后又发生什么了呢？

田岛　她们把孩子的父亲也叫来，一家人围着院子里的长桌开派对，但女儿和男人并不住在一起。帮女儿寻找精子的妈妈也60岁左右了，有一栋在田地里的孤零零的房子，妈妈和自己的恋人在那栋房子里做爱。后来，她决定要安乐死。

阿尔　哎！真是自由的活法啊。

田岛　虽然是1995年的电影，但这种自由的关系和自由地赴死的选择，完全表达了我想表达的东西。我想日本也应该有更自由的家庭模式。20世纪80年代我还在英国的时候，那边就已经很重视单亲妈妈的问题了。

为了让生育变得更轻松的政治

阿尔　我想解决贫困问题。现在，每7个孩子中就有1个贫困，单亲家庭中有一半左右都处于贫困状态。母子家庭中回答"生活很困难"的比例超过八成。

田岛　竟然让孩子吃不上饭。儿童食堂在日本有超过6000家吧？

阿尔　而且并非国家福利事业，都是民间运营的。我想说，国家不要放弃责任，把一切都推给国民。

田岛　一旦变成单亲妈妈，生活竟然就会变得这么辛苦。我认为，女人肚子里的孩子就是女人的，我们必须建立一个能够自由生育的社会。这样，生下来的孩子就不必一定要用父亲的姓了。这也是解决少子化问题的一个方法。

阿尔 解决少子化问题的方法其实很简单，那就是让社会成为一个有事实婚姻的情侣、单身女性和同性情侣都能安心生养孩子的社会。国家支持那些想生育的人，想生多少就生多少。那样的话，大家就会充满生孩子的热情了。

田岛 没错没错。不在育儿和教育上投资的话，国家灭亡就是必然的结局。

阿尔 都怪那些一副"守护父权家长制是我的使命！不要把育儿从家庭里夺走！"架势的政治家，国家都要灭亡了啊。为了解决少子化问题，国外在几十年前就开始大力实施支援育儿的福利政策了。

田岛 而日本完全不努力。总之还是政治的问题。

阿尔 在其他国家，比如法国，给生育三胎以上的家庭补助特别丰厚，20世纪90年代以后对工作和家庭的平衡给予了充分的支持，减少后的合计特殊出生率[*1]近十年大致维持在1.8%～2%。

田岛 法国天主教徒很多，离婚很麻烦，所以有很多不结婚的未婚夫妻。从1999年开始有了PACS[*2]制度，不论同性异性，即使是未婚夫妻也能和已婚者一样享受家庭津贴保障。

阿尔　北欧各国连大学都是免费的，并且还给大学生充足的房租和生活费补助。如果国家把税金好好花在孩子身上的话，生孩子的人就会增加。在日本，不是有很多人因为"经济困难，不能生第二个"，想生却不能生吗？

田岛　我觉得因为花钱而不生孩子的想法和因为不用花钱而生孩子的想法，都让人有点悲凉的感觉。但是日本少子化这么严重，再不在育儿和教育上花钱不行了！现在不是把钱都花在防卫费上的时候。

阿尔　从性别差距指数来看，日本在教育领域是第一名，但从日本国内来看，还是存在性别差距。比如东大，女生只占两成。这是因为报考东大的女生只占全体的两成。因为男女的偏差值分布相同，所以其实是很多能考上东大的优秀女生没有报考东大。据说这是受父母的教育投资的影响。在有兄弟姐妹的情况下，父母更倾向于对儿子进行教育投资。这种情况在地方[27]就更严重了。

田岛　即使女性上大学已经是理所当然的事，父母还是会跟女儿说希望她上当地的大学，不要复读。但是，哥哥和弟弟考上外地大学或复读的事情并不少见。现在居然还有这样的事，真

---

[27] 这里指东京以外的地区。

让人觉得懊恼。

阿尔　一个人在东京生活也好，复读后上补习学校也好，都要花钱。日本需要国民自己负担的教育费用太多了。比如，虽然在OECD[28]成员国中，女生的大学升学率较高，但日本女生的升学率较低，是OECD中最低的。

田岛　日本的男人们经常用"女人孩子"的说法把他们归为一类，轻视他们，但这种说法其实充分体现了日本是以成年男性为中心的社会，习惯忽视女性和孩子的人权问题。如果再这样放任不管的话，日本就会灭亡，没有未来。对了，2018年医学部入学考试中歧视女性的问题成了热议话题。

阿尔　有一种言论说"医生是需要体力的工作，女性无法胜任"，但是护士、护工、保育员都是需要体力的工作，而且还要值夜班。在这些领域，女性都占绝大多数，而且工资很低。总之，他们只是不想把医生的特权地位让给女人。日本医生中，女性所占的比例在发达国家中是最低的。在芬兰，女医生比男医生多。

田岛　没错没错。还有在都立高中也实行男女定员制(*3)，让本来

---

[28] 经济合作与发展组织（Organization for Economic Co-operation and Development），全球38个市场经济国家组成的政府间国际组织，总部设在法国巴黎。

应该考上的女孩子都考不上了。

阿尔　据《每日新闻》2021年的报道，在都立高中入学考试中，录取分数线的最大差距达到243分，并且发现约八成女生录取分数线较高[*4]。虽然2022年性别差距大幅缩小，但仍有约两成的女性比男性的录取分数线高，如果不分性别按照统一标准录取，女性合格人数就会多284人[*5]。

田岛　在看不见的地方对女性区别对待，太过分了。

阿尔　以前，一个上高中的女孩跟我说："高中入学考试的时候，老师对我说'你要是男生的话就能考上了'，那是最让我觉得不甘心的事情。"比如，有的孩子因为经济困难，只能上都立学校。这样的孩子拼命努力学习，却因为性别问题被刷下来，这种事是不应该发生的。入学考试应该公正地以分数来判断是否录取。

田岛　确实应该这样。碰到这种事就没有可以去申诉的地方吗？

阿尔　民众开展了签名运动，也有律师要求纠正这个问题。但是因为学校不公开录取最低分数，所以很难确认学生是否因为定员制而落榜。

田岛　在这个时代还这样剥夺平等的机会，真是太奇怪了！帮助男人自立，却不帮助女人自立。这个国家男人的懦弱和短视早晚会毁灭这个国家的。

性骚扰会阻碍女性的事业发展

阿尔　不能平等地升学，就业时也会因为"按照优秀顺序录用的话都是女性"，而给男性优待。

田岛　这样的歧视一直循环下去，不仅会影响女性的职业生涯，浪费女性的才能，最终还会减少国家的税收，造成重大损失。

阿尔　"因为性骚扰而辞了工作"的例子屡见不鲜。这是导致女性终身收入下降的主要原因。

田岛　即使努力构筑了自己的事业，也只能放弃。虽然说过很多次了，我还是要啰唆一句，这不仅仅是女性的问题，更是国家的损失。

阿尔　我的一个女性朋友也因为遭遇了性骚扰向公司咨询，但是公司方面对性暴力的相关知识一无所知。只是对受害者说"别放在心上"，或者建议她进行心理咨询，却做不到让加害者停止性骚扰，或者调动其职位。这样只给性骚扰受害者增加负担的职场案例绝对不在少数。

田岛　这一点从来就没变过。以前路边经常立着写给女性看的牌子，写着"不要一个人走夜路"。其实不该让女性不要走夜路，而应该是提示"不要袭击独自走夜路的女性"吧。这种本末倒置，即使是在看起来管理完善的职场上，也被人熟视无睹。

无视人权、违背时代发展也该有个限度吧。让受害者不要在意或者去做心理咨询，这是太奇怪了。加害者和他的公司才应该去做心理咨询。

阿尔 说点让人能看到希望的事吧，杉并区的新区长岸本聪子女士[*6]在就任记者招待会上说，希望通过"营造让职员安心工作的环境"来消除职场上所有的性骚扰。

田岛 她在欧洲NGO（非政府组织）工作过吧。是个性格非常坚强、擅长沟通、对实现来自底层的民主主义抱有希望的人呢。

阿尔 越来越多的人意识到"自己的遭遇其实是碰到性骚扰了"。但是如果职场的应对跟不上，就无法给受害者提供能够安心工作的环境，甚至让受害者被当成"麻烦的家伙"，导致在职场待不下去。有人跳槽后工资下降，有人因为心理创伤无法再像以前一样工作。即使有更多人发声，如果制度和法律跟不上的话，受害者也一样无法得救。

田岛 正是如此。

阿尔 拙作《模糊的语言，危险的人》[*7]中，律师太田启子女士提出了"法律防身术"，希望大家可以参考。如果人事和法务部门不认真处理，就去找工会和劳动律师团队商量，请他们来想办法解决。不过，让受害者必须逞强的现实本身就很不合理。

我们难以生存是谁的错？

田岛　这都是政治问题，但越是年轻的一代投票率越低，年轻人中自民党的支持者很多吧？

阿尔　40多岁的人也有近一半都不去投票，并不是只有年轻人才不关心政治。经常听到"自己这一票也改变不了什么""政治什么的不是很懂""只知道自民党所以就投自民党了"之类的言论。

田岛　是因为自我评价很低吧。所以从没想过自己的一票能改变政治。

阿尔　例如，在北欧，孩子们从小就要学习民主主义的基本知识。在《北欧如何创造幸福社会》[*8]中有这样的话："北欧与日本的不同之处在于，人们认为自己的意见有价值，认为每个人都有改变社会的力量。北欧的教育，能够让人全面养成独立思考的能力和批判性地看待问题的能力。"

田岛　我一直说"都是先从一个人开始的"，北欧的孩子们常说"每个人都有改变社会的力量"，把这种"独立思考的能力"教给孩子们的话会怎么样呢？在欧洲，无论是在家庭、学校还是职场，谈论政治都是很平常的事。第一次去留学时，让我又惊讶又羡慕的是，在英国家庭寄宿的时候，看到他们全家人一边吃早饭，一边开始批判当时的首相撒切尔夫人。

阿尔　在日本，谈论政治是禁忌的风潮根深蒂固。比起人权，更希望维护父权家长制的政治家们，希望国民不具备"独立思考和持有意见的能力"，停止思考。屡屡贡献精彩失言的森喜朗[*9]曾说"（对选举不关心的选民）继续睡觉就好"，麻生太郎[*10]曾说"赋予女性参政权是最大的失败"。为了让国民变得更好糊弄的"奴隶教育"起了作用。

田岛　我认为奴隶的对立面就是拥有自我，但在日本，拥有自我也很困难。没有人好好教过学生民主主义，在学校里不也是让所有学生面向老师坐，指导大家做同样的事情吗？在自民党政权下，无法指望主权者教育[*11]能有什么进展。

阿尔　确实无法指望。不仅如此，现在还在不断地向右倾化发展。在看电影《教育与爱国》的时候，我对于政治介入教育的程度感到非常震惊。日本的学校里不详细教授殖民统治的内容，并且在很多教科书中关于"从军慰安妇""强制连行"[29]内容的记述都被删除或变更。历史是人创造的，而人会犯错。我认为好好教导这一点是我们对下一代的责任。在德国，为

---

[29]　"二战"期间，日本政府为补充劳动力，从中国和朝鲜半岛强制征用劳工的行为。

了不再犯同样的错误,在义务教育中会让学生详细学习关于纳粹和大屠杀的历史。

田岛 不仅如此,他们下定决心一个战犯也不能放过,长年累月地在海外搜寻他们的踪迹,将他们抓获并处罚。为什么和德国相比,日本的政治家这么不争气呢?用过去的话说,他们是最"不像男人"的政治家。经过篡改、删除以后,本来应该从过去学到的东西也都学不到了。

阿尔 我很喜欢的漫画中有这样的台词:"你们没有责任。以同一民族为由,背负过去的罪名是错误的。(中略)你们也没有理由以一己之身背负世界的憎恨……但是,这个沾满鲜血的愚蠢的历史,我们有责任不将其遗忘,并传达给后世[*12]。"

田岛 真是让人猛拍膝盖的精彩发言。政府介入教育篡改历史,真是太不负责任了。

阿尔 由于安倍政权的长期化,媒体都开始看自民党的脸色行事,不好好做批判了。

田岛 真没出息啊……自民党以前不是也经常插手NHK吗?比如2001年的"NHK节目篡改事件",安倍晋三[*13]等人针对追究日本在慰安妇问题中的责任的节目提出抗议,并改变节目内容。当时也有NHK职员辞职。我觉得以前的媒体可以更自由地表达。

田岛老师救了我

女性议员太少了

阿尔　因为媒体和国民不批判,所以政府才为所欲为。在满是大叔和老爷爷的国会里,性别问题相关的议题一直在被不断推后。

田岛　对于选择性夫妇别姓和同性婚姻(*14)的讨论要持续到什么时候呢?选择性夫妇别姓这件事已经讨论了四分之一个世纪了吧。连联合国都提出了劝告。对不想做决定的事情,就用"讨论、讨论"的方式拖延,我认为这是狡猾且无能的做法。

阿尔　选择性夫妇别姓也好,"同性婚姻"也好,都获得了半数以上国民的赞成,但他们完全充耳不闻。口服堕胎药终于获得批准,但在海外这种药的平均价格约为700日元,而在日本约为10万日元。至于堕胎方法,世界卫生组织要求停止使用的刮宫术(*15)现在仍在日本使用。

田岛　真的完全不把女性的权利、健康和身体当回事。虽然出台了像不孕症治疗保险之类的生育支援,但是可供选择的避孕方法很少(*16),堕胎也需要配偶同意(*17),"女人是生育机器(*18)"的想法没有任何改变。在女性自由度低的地方,少子化也会加剧,他们对此又了解多少呢?

阿尔　因为女人是为了给男人留种的生育机器,所以不想给女人自主权。避孕药的批准也晚了三十年左右。说是会让女性性紊乱，但明明伟哥瞬间就解禁了。真的让人愤怒得想要揭竿而起，不过最近终于也开始听到有人说 SRHR（Sexual and Reproductive Health and Rights[*19]，关于性与生育的健康和权利）这个词了，问题变得可视化也许是一种进步吧。

田岛　即便如此，日本在世界上还是越来越边缘化。

阿尔　从性别差距指数来看，日本在政治领域的 146 个国家中排名第 139 位，处于最低水平。如果不增加女性议员的数量，政策的优先顺序也不会改变。

田岛　但是也并非只要是女性，谁来都行，也有妨碍女性生存的女性议员吧。在 2000 年之后挥舞性教育和性别教育倒退潮大旗的是安倍晋三和山谷惠理子[*20]。关于七生养护学校性教育的争议[*21]也很有名吧。我认为对有智力障碍的、难以理解"性"为何物的孩子才更需要进行性教育。性同意、避孕这些知识必须好好教给他们才行。每次在报纸上读到特别支援学校的学生遭受老师侵害的故事，我都感到很心痛。

阿尔　明明在其他国家，人们都知道"有残疾的孩子更需要性教育，不能让他们成为受害者或加害者"。七生养护学校却被不当地抨击为"过分的性教育"，让教育现场严重萎缩。因此日本的性教育一下子退步了，真的让人很不甘心。

田岛　不过，这几年大家都开始意识到性教育是有必要的。电视上也有报道，相关的书籍也出版了很多。例如，在将性教育日常化的运动中，以鹤田七濑为代表的一般社团法人Sowlage开展了"性教育卫生纸"的活动。这个活动是将以联合国教科文组织的《国际性教育指南》为基础，由专家监制制作的厕纸用于小学厕所。上面印着的都是从十几岁开始可能发生的意外怀孕，以及如何避免遭受性侵害之类的内容。非常有用。

阿尔　本来应该让所有的孩子都能通过义务教育学习。比如，在全面性教育发达的荷兰，初次性交年龄较高，十几岁时就怀孕或堕胎的情况较少。教给孩子正确的知识，孩子就能保护自己。尽管有这样的数据，但日本还是坚持"性是淫乱的"，连"性教育"这个词都不能使用。明明教了怀孕却不能提性交，这是多么荒唐的事啊。

田岛　其实是想回到战前的纯洁教育吧。有些年轻的女议员就是这样妨碍性别平等和女性权利的，对吧？

阿尔　自民党议员杉田水脉[*22]于2018年在《新潮45》上发表了"LGBT[30]不生孩子，所以没有生产力"等内容的文章，

---

[30] 是女同性恋者（Lesbians）、男同性恋者（Gays）、双性向者（Bisexuals）、跨性别者（Transgender）等性少数族群的合称。

并在 2020 年针对性暴力受害者支援事业发表了声称"女性非常会撒谎"的文章。这是二次加害的发言。田岛老师说保守派女性是"父亲的女儿",难道是因为她们女性的身体里其实是"大叔的副本"吗?

田岛 她们身处男权社会中,也因为希望得到"长老"的接纳而过度适应。如果女性只占一成或两成的话,那么能当上议员的只会是男权社会的代言人。过度适应男权社会是因为有利益,如果国会女性议员的人数增加到 30% 以上,就有人能说出真心话了,形势和状况应该会发生立竿见影的改变。

阿尔 要反映少数派的意见,至少人数要占三成,这就是临界量(Critical Mass)(*23)。如果女性的声音越来越大,变得不容忽视的话,政界也会如奥赛罗棋[31]一般发生翻天覆地的变化。

田岛 没错没错。所以还是必须增加女性议员的人数才行。

阿尔 为此必须引进配额制和均等法(parité)(*24),但标榜性别平等的在野党男议员却说这是"逆向歧视"。

田岛 这是谁说的?

阿尔 小川淳也(*25)说了"就算是逆向歧视也必须做(*26)"这种

---

[31] 风靡日本的黑白翻转棋游戏,由日本桌游专家长谷川五郎设计。

荒谬的话。

田岛 说什么呢,有到那种程度吗?

阿尔 他大概也是不太了解情况吧。小川淳也应该从我的朋友——作家和田静香[*27]那里听说过关于性别平等和性别歧视的话题。我忍不住想,你从她那里就一点都没学到什么吗……觉得很失望。香川一区选举时,我明明很支持小川的。

田岛 既然有这种想法,就只能不厌其烦地教导。无论如何,男女看到的世界是不同的,要想理解需要很强的想象力。由于被一直以来的偏见所迷惑,即使是自由派,也有很多男性并不理解。只能像你在中学教学生那样教他们。

阿尔 立宪民主党就提高性交同意年龄问题进行了讨论,有男性议员表示:"50岁的自己和14岁的孩子认真恋爱也算犯罪吗?"明明"grooming[*28]"的问题那么严重,他们还是完全不明白啊。为什么不好好学习一下呢?

田岛 对性兴致勃勃,但对事关正义的性别歧视和性暴力问题没兴趣。更不用说二等公民的问题和孩子的问题,本来对男人们来说就是优先级较低的,所以才不去学习。不过立宪(民主党)提倡性别平等,希望大家好好学习。在这个意义上,我觉得日本共产党很厉害。作为一个党派不是好好地学习了性别相关的知识了吗?

阿尔 是啊，虽然平时大家都是小晃小晃地叫他，（笑）不过，我很喜欢 YouTuber 小池晃[*29]。小晃会穿着带铆钉的皮夹克去看演唱会，带狗散步，做饼干，很有趣哦。

田岛 哎！那个人会做这些吗？（笑）

阿尔 应该有很多人都是看了那些视频，觉得"小晃这人，可以支持一下"，开始对政治有兴趣了。小池还经常在国会上提出性别相关的议题。针对 #KuToo 问题也是，提出了"废除只给女性强加痛苦的服装规定的政治决议，难道就只是说说而已吗？"的质疑之后，连安倍也罕见地表示"缺乏合理性的规则不应该存在"。小池说"对安倍首相提出的质疑，至今为止从未取得过这样的结果"，这句话让国会顿时笼罩在一片笑声中。

田岛 哈哈。在安倍那里也顺利获得了 OK 的回答呢。

阿尔 共产党的山添拓[*30]，也积极致力于推进消除男女工资差距、设立不同意性交罪和废除堕胎罪等议题。希望其他党的男议员们也能向性别意识这么强的山添拓学习。

田岛 至少希望提倡性别平等的党派议员们都好好学习一下。一知半解乃大忌。

阿尔 希望他们在党内进行有关性别问题的测试，然后把分数贴在走廊上。"小川君，你考的是零分啊！"希望考得不好的人可以这样挨骂。

田岛　如果不把成绩贴在走廊上，可能很难让他们学习吧。在这方面，共产党是最正派的。以性别问题为契机，支持共产党的人也很多吧？

阿尔　确实是这样。因为有很多像池内沙织、吉良良子、池川友一这样认真地致力于解决女性和儿童问题的人，所以很多人说"我并不是支持共产党，只是我推举的议员碰巧是共产党"。还有，"共产党"也和"女性主义者"一样，容易被用在坏话上，这也让人感到心惊胆战。（笑）

田岛　也有对共产党过敏的人呢。

阿尔　我也只是因为批判了一下政治，就在网上被人说成是"左翼狗"[32]"共产党的间谍"什么的。如果我真是间谍，应该开着那种装有秘密武器的车吧？但我连驾照都没有。我想问这些人，你见过只使用公共交通工具的间谍吗？

生活困苦并非自己的责任

阿尔　正因为日本人是认真努力的人，所以才容易成为任人踩躏的

---

[32] 原文"パヨク"，是"サヨク（左翼）"的蔑称。

奴隶。明明是因为政治很恶劣，所以生活才很苦[*31]，却让人觉得是自己"不够努力""必须更加努力"。最近"年收入200万日元的节约术""到手工资15万日元的生活"等以节约为主题的内容很受欢迎，"即使在贫穷中也要活下去的生活破解法"这样的信息也越来越多。完全是一副"在胜利之前，我什么都不想要"[33]的氛围。

田岛 嗯。

阿尔 靠自己种的豆苗过五周什么的，尽管生活很困难，但想靠自己努力克服，而不是想着去改变政治。或者说，是被逼无奈只能不去想。

田岛 媒体也不该一味地介绍节约小妙招吧，为什么不批判政治呢？生活这么困难，本来是可以通过政治改变的。大家都得好好抱怨才行。

阿尔 虽然我们像奴隶一样被要求"不要抱怨,闭嘴好好服从上级"，但主权者是国民，我们是主人，也就是雇主。因此，我们必须怒斥他们"别胡乱使用税金"，必须开除那些没用的政治家。自己痛苦是政治的错，不是自己的错。一旦意识到这一

---

[33] 原文"欲しがりません勝つまでは"，日本有名的战时口号，来自1942年的口号征集活动中一名小学五年级女生的投稿。

点，心情就会变得轻松，也会对政治产生兴趣。

田岛　这就是所谓"The personal is political"[*32]。

阿尔　"个人即政治"对吧！我是在接触女性主义之后才知道这个观点的。我了解女性主义以后，觉得生活变得容易了，很大程度上是因为我开始认为"不是自己的错"。

田岛　一旦意识到不是个人的问题，而是社会结构和体制的问题，就会开始明白并不是自己的错。一味地责备自己，只会越来越痛苦。

阿尔　我在面向初高中生的课程上经常提起"真正的最终 Boss 是谁呢？"这个话题。

田岛　真正的最终 Boss，什么意思？

阿尔　担任小学教师的星野俊树先生，在采访[*33]中讲了自己小学时代的事："（运动会上）男生的项目是骑马和集体体操，女子则是啦啦队舞，根据性别决定项目，没有选择的余地。而且，所有男生都被要求赤裸上身。／练习的时候，我们经常被老师们以指导的名义用太鼓的鼓槌殴打、扇耳光。因为赤身裸体，所以身上一直到处都是伤。／当时，包括我在内的男生们提出的不是'讨厌集体体操''不想脱光衣服'之类的诉求，而是'女生太狡猾了'这样的不满。'我们一边挨打一边练习，女生却很轻松，太不公平了。'／（略）我们无法向大人控诉自己的痛苦，于是转而把愤怒的矛头指向了女生。"

田岛　这样啊。自己感到痛苦，但因为害怕老师，所以就会去打击比自己更弱小的人。那不就是家庭的写照吗？父亲在工作中受到了屈辱，于是回到家就会把伤害转嫁给妻子和孩子。

阿尔　在和日本一样男尊女卑根深蒂固的韩国，男性对女性"不服兵役"的批判越来越激烈。像这样通过转移愤怒的矛头获利的，就是拥有权力者吧。拥有决定权的自己不用被批判，让女人代为承受，简直正中下怀。真的很想提醒男人们一句："你们怎么能中这种圈套？！"是谁在折磨自己，谁才是真正的最终Boss！希望他们能好好思考一下这个问题。这样一来，男女就能作为伙伴团结在一起，社会也会变得更加美好——这就是我告诉孩子们的。

田岛　真好啊。真是说得太棒了！今天就以这个话题来结束吧。

阿尔　不，还要再多聊一会儿呢。（笑）

第 4 章 注释

*1　**合计特殊出生率** 15~49 岁各年龄段的女性生育率的总和。一个女性一生中平均生育的孩子数量。2021 年日本的合计特殊出生率为 1.30。

*2　**PACS** 1999 年制定的民事连带合同制度。不分性别,为了共同生活而签订的契约。解除只需一方申请即可通过。比婚姻形式更松散,比事实婚姻更能确保法律权利获得保障。

*3　**都立高中的男女定员制** 根据预计初中毕业生人数的男女比例设置定员录取,因此录取分数线产生了男女差异。东京都从 1999 年开始实施将九成学生按男女分开判定合格与否,剩下的学生男女混合判定合格与否的缓和制度,即便如此,大多数情况下,女生的录取分数线还是比男生高。

*4　《每日新闻》2020 年 7 月 13 日刊登。(https://mainichi.jp/articles/20210526/k00/00m/040/003000c)

*5　《每日新闻》2021 年 5 月 26 日刊登。(https://mainichi.jp/articles/20220713/k00/00m/040/208000c)

*6　**岸本聪子** 1974 年出生,东京都杉并区区长 (2022 年 6 月当选),公共政策研究者。

*7　**《模糊的语言,危险的人》**(《モヤる言葉、ヤバイ人》,大和书房,2021 年)。

*8　**《北欧如何创造幸福社会》**(《北欧の幸せな社会のつくり方》,Kamogawa 出版,2020 年),镫麻树著。此处内容出自第 58 页。

*9　**森喜朗** 1937 年出生,日本第 85、86 任内阁总理大臣。

*10　**麻生太郎** 1940 年出生,日本第 92 任内阁总理大臣。

*11 **主权者教育** 培养把政治和社会问题当作自己的事情来看待，能自己思考判断并采取行动的人的教育。

*12 **《进击的巨人》**（《進撃の巨人》，讲谈社，2020 年），谏山创著。出自 32 卷 128 话。

*13 **安倍晋三** 1954—2022 年，第 90、96—98 任内阁总理大臣。

*14 **同性婚姻** 截至 2022 年 10 月，日本还没有同性婚姻制度。从 2015 年开始在地方自治团体实行伴侣关系制度，人口覆盖率超过五成。但是，这种制度与法律层面上的结婚不同，并且要面临无法继承遗产、在一方生命垂危时医院不允许探视等不利状况。

*15 **刮宫术** 一种刮除子宫内膜的人工流产方法；世界卫生组织在 2003 年指出，安全的人工流产方法是服用流产药片和吸宫术，并在《2022 年人工流产护理指南》中建议不要使用刮宫术（D&C）。

*16 **可供选择的避孕方法很少** 在日本可利用的避孕方法有避孕套、低剂量避孕药、IUD（子宫内避孕工具）。在国外还有避孕贴、避孕针、皮下埋植避孕等避孕方法。

*17 **配偶同意** 日本现在仍然有堕胎罪，但《母体保护法》允许一定范围内的人工流产。人工流产的条件中有一条"因身体或经济方面的理由，继续妊娠或分娩有可能严重损害母体健康"，需要本人和配偶的同意。另外，虽然在《母体保护法》中所说的配偶是有婚姻关系的人或有事实婚姻关系的人，但现实中即使是未婚，仍须征求伴侣同意的情况并不少见。

*18 **女人是生育机器** 2007 年，当时担任厚生劳动大臣的柳泽伯夫的发言。

*19 **SRHR（Sexual and Reproductive Health and Rights）** 关于性与生育的健康和权利。包括自己决定性别的权利，自己决定生不生孩子、生几个、什么时候生孩子的权利，获得怀孕、分娩、堕胎等生殖方面的知识后自己决定的权利等。

*20 **山谷惠理子** 1950 年出生，日本参议院议员。

*21 **七生养护学校的性教育争议** 东京都日野市的七生养护学校（现都立七生特别支援学校）从20年代90年代中期开始，用手工制作的人偶教学生男女身体的差异，唱性教育的歌曲，以孩子能理解的形式实践性教育。实际上也收到了好的效果，比如孩子们不再一天到晚说黄段子了，却被保守派政治家批评而受到抨击。东京都政府和都议员要求学校停止进行性教育，校长和相关教师也受到了惩戒和严重警告，但在之后的判决中，东京都政府和都议员输了。

*22 **杉田水脉** 1967年出生，日本众议院议员。

*23 **临界量（Critical Mass）** 为了在集体中产生影响，需要达到的最低限度的数值。对女性的任用一般需要达到"30%以上"，这是根据美国哈佛大学罗莎贝斯·莫斯·坎特教授的"黄金30%"理论推算出来的。

*24 **均等法（parité）** 在法语中是同等、相同的意思。法国于2000年制定了《均等法》。各政党有义务拥立男女比例相同的候选人。2019年法国女性议员比例约为40%。

*25 **小川淳也** 1971年出生，日本众议院议员。

*26 2021年立宪民主党代表选举时的发言。

*27 **和田静香** 1965年出生，音乐、相扑撰稿人。著有《时薪总是最低工资，这是我的错吗？我试着问了国会议员》（《時給はいつも最低賃金、これって私のせいですか？国会議員に聞いてみた。》，左右社，2021年）和《选举活动从发放传单开始。"香川1区"追踪日记》（《選挙活動、ビラ配りからやってみた。「香川1区」密着日記》，左右社，2021年）。

*28 **grooming** 在英语中的原义是为动物梳理毛发，但在性犯罪中是指加害者用花言巧语骗取孩子信任的行为。

*29 **小池晃** 1960年出生，日本参议院议员。

*30 **山添拓** 1984年出生，日本参议院议员、律师。

*31 实际工资不断下降。与 25 年前相比，日本的平均家庭收入每年下降 100 万日元以上，国民负担率（租税负担率和社会保障负担率的总和）却逐年上升。日本人的可支配收入呈减少趋势。

*32 The personal is political 个人即政治。第二次女权主义运动的口号。将个人烦恼视为社会问题的思考方式。

*33 2022 年 8 月 4 日在《OTEMOTO》上发布。(https://o-temoto.com/akiko-kobayashi/toshikihoshino2/)

如果女性只占一成或两成的话，那么能当上议员的只会是男权社会的代言人。过度适应男权社会是因为有利益，如果国会女性议员的人数增加到 30% 以上，就有人能说出真心话了，形势和状况应该会发生立竿见影的改变。

田岛阳子

虽然我们像奴隶一样被要求"不要抱怨,闭嘴好好服从上级",但主权者是国民,我们是主人,也就是雇主。因此,我们必须怒斥他们"别胡乱使用税金",必须开除那些没用的政治家。自己痛苦是政治的错,不是自己的错。一旦意识到这一点,心情就会变得轻松,也会对政治产生兴趣。

阿尔特西亚

第 5 章
我们的愤怒
已经到嗓子眼了

非学术的女性主义发声了

阿尔 我通过田岛老师的书接触到了女性主义,然后又陆续读了上野千鹤子(*1)、小仓千加子(*2)、斋藤美奈子(*3)等女性主义者前辈的书。所以我也很尊敬上野老师,共同出席联合国主办的活动的时候,因为太高兴了,在活动正式开始后忍不住想小便就去了厕所。这就是所谓的"紧张尿"吧。上野老师和田房永子(*4)的对谈书《上野老师,请从零开始教我女性主义吧!》(*5)[34]中就提到了田岛老师。

田岛 说我坏话了吗?(笑)

阿尔 不不,夸您来着。(笑)上野老师说:"最近,对田岛阳子的历史再评判似乎取得了很大进展。(中略)不禁让人由衷地感慨,已经迎来了这样的时代呢。田岛女士是个人品非常好的人。作为研究者也写出了很好的论文,是应该得到更高评价的好人呢。"(*6)

田岛 哪里哪里。我只不过是想从各种压抑中解放出来,让自己变得轻松而已。

阿尔 您以前和上野老师一起住过对吧?

---

[34] 引进中国的书名是《从零开始的女性主义》,此处按日文书名直译。

田岛 是的。当时有一种很浓烈的"掀起女性主义运动吧"的氛围，所以大家都会一起做事。不过，上野是社会学学者，而我不管是资本主义还是什么，只是思考着怎样才能在男权社会中不痛苦地生存下去。虽然知道资本主义社会恶的部分，但是身在其中，去改变一些哪怕只能稍微改变的事，应该就会活得容易一些。当时有一种风气，认为在企业里工作是罪恶，但我认为，在企业里工作赚钱，与性别无关，是为了生存而必须做的。要在这个过程中去改变。

阿尔 这样啊，当时因为这个产生了分歧吧。

田岛 不不，我并不是那个领域的学者，我只是觉得自己跟不上。我觉得女性主义好像变成了为学问服务的东西，和我的想法有点不一样。我把马克思主义女性主义和环保女性主义这样、将既有的学问和思想套用在女性主义上的理论称为"加冕的女性主义"，并进行批判。我感觉那些理论对男性主导不敏感，批判资本主义和现代主义，却将作为人权问题的女性主义抛诸脑后。

阿尔 田岛老师的那篇文章《不要"加冕的女性主义"，单纯的女性主义就够了》给我留下了非常深刻的印象。

田岛 "加冕的女性主义"是以既有的思想和学问为基础，由各个领域的专家对女性主义进行阐述。只是抓住了由男性提出的主义主张，并在此基础上加上了"女性主义"，我并不认为这是为女性着想。女人和男人的关系在任何社会中都存在，只要有女人和男人，就有可能存在歧视的关系。过去有一种幻想，认为只要在共产主义国家，女性就能获得解放，但后来发现并非如此。我的《以爱为名的支配》之后也要翻译成韩文和中文出版了。

阿尔　田岛阳子的时代到来了！！老师，您是用从自己的体验和痛苦中孕育出的语言来讲述女性主义的吧？正因为是这样发自肺腑的话语，所以深深打动了我。学问和研究当然很重要，但过于学术化的话，一般人只会觉得"和自己没关系""太难了，不太懂"，门槛就变高了。结果，女性主义的接力棒变得很难传递下去。

田岛　我和驹尺总是说："（女性主义）和既有的学问没关系。"我并不是学了女性主义理论才写了《以爱为名的支配》，而是从自己的经历出发，因为自己想要得到解放，所以将自己的思考写了下来。比起为学术做贡献，对我来说更重要的是希望自己可以变得轻松和自由。

阿尔　老师说过的话里，我最喜欢的一句是"在那些不知道女性主义这个词的人中，也有人正在践行着女性主义的生活方式。这和学习了多久女性主义的知识无关。关键要看自己想变成什么样的人。所以不能用女性主义歧视他人，也不要让别人看低自己"[*8]。我也曾想着"我又没在大学里学习过这个专业……"，并为此感到焦虑，但我从这些话里得到了鼓励，明白了"女性主义就是一种生活方式"。所以我也变得能挺起胸膛，自信地宣告"没错，老娘就是女性主义者！"。

田岛 你之前夸过的那本《女主角为什么会被杀》，也是由大家高中时代都在图书馆读过的名著内化而成的素养孕育而出的作品。列夫·托尔斯泰[*9]、托马斯·曼[*10]、居伊·德·莫泊桑[*11]，逃课读的文学作品是解开谜底的根基。当时我还不知道"女性主义"这个词。但是，在高中的英语演讲比赛上我讲到了亨利克·易卜生[*12]的《玩偶之家》。

阿尔 在还没有"女性主义"这个词的时代，就自己觉醒了女性主义的意识，真的很厉害。就像如今的 #MeToo，都是普通人根据自己的经历发声，控诉"这种事是不对的，不能原谅！"。

田岛 每个人都是从自己的经历出发去谈论女性主义的。即使不知道"女性主义"这个词，也没有专门学习过。因为最重要的是自己想要怎样活着。坚持贯彻自己想要的生活方式，就能触及女性主义的精髓。

阿尔 第四波女性主义，也就是使用 SNS 的新女性主义之所以能引起如此广泛的影响，就是因为大家都认为"用自己的语言表达也可以""自己也可以发声"。

田岛 你的文章也是,并不是加冕的女性主义,而是出自自己亲身经历的表达。所以才能将你想说的确切传达给那些和你有着相同的痛苦感受的人。

阿尔 我写作的初衷,就是希望那些连"女性主义"这个词都不知道的人也能理解我表达的内容。如果不这样做,女性主义就无法得以推广。

田岛 要把想法传达给这样的人,你的幽默感就派上用场了。即使看到书里提到自己完全不懂的漫画的内容也能笑出来。(笑)因为有了这些给人带来欢笑的内容,即使是对女性主义漠不关心的人,或者稍微有些防备的男性,也会变得更容易接受这些思想。

阿尔 谢谢您!就像老师和驹尺女士说的"只能以插科打诨的方式传达给世人""我们两个人一起说相声吧"一样,无趣的内容是不会有人看的。尤其是现在,内容泛滥,有趣的东西无穷无尽。

田岛 有了智能手机,不管想看什么内容,都要多少有多少。

阿尔 是啊,而且身处"地狱日本"大家都很累,所以我想写一些能让人稍微笑笑,感觉精神点的东西。我的文章有时也会被骂"太浅了"。(笑)但如果内容太严肃,就不会有人看,如果没人愿意看的话，女性主义就无法向前发展。

田岛　能用浅显易懂的日常用语来表达，正说明你具备充分的实力。也就是说，你非常了解女性主义的精髓。这一点与那些有点自以为是的女性主义者完全不同，你创造了一种新鲜的表达方式。

阿尔　夸得我都不好意思了……感觉要紧张尿了。其实上野老师称赞过我"你的幽默感太棒了"。我天生爱开玩笑真是太好了。

田岛　即使认真的时候，也会被人问"你在开玩笑吧？"。（笑）

阿尔　真的是这样。在父母的葬礼上，我对葬仪师说："骨灰什么时候烤好？""下次再死人的话还要拜托你。"被亲戚骂了。

#MeToo 之后，最近的女性主义

阿尔　由石川优实[*13]女士在推特发起的 #KuToo 运动也造成了很大的影响，有企业开始废除高跟鞋的义务化了。田岛老师在 1985 年写过一篇题为《夺回自己的脚》的随笔。如果不穿高跟鞋，就能健步如飞，血液循环会变好，肠道的蠕动也会变好，会"噗的一声就放个屁出来"。（笑）

田岛　哈哈哈。（笑）我不穿高跟鞋以后，最开始穿的是一双软塌塌的黄色鞋子。以前我都是从车站坐公交车或出租车回家的，

第一次能用自己的双脚走回家,我非常高兴。我也很喜欢那篇随笔。

阿尔　您在那篇随笔中这样写道:"即使高跟鞋是'让女性看起来更美丽的重要道具',但如果知道有人即使腰腿疼痛还勉强穿着,或者有人穿久了会搞坏身体的话,对这种不自然的女人装束,人们也就不能那样站着说话不腰疼地称赞其美丽了吧。至少在工作的时候,要选择适合自己身体的鞋子,不介意别人的眼光,堂堂正正地去穿。"[*14]这正是#KuToo运动所倡导的吧。

田岛　现在能通过网络呼吁这些,并将其升级为推动社会改变的行动,真的很了不起。

阿尔　从2017年伊藤诗织的告发开始,到#MeToo、鲜花示威,这几年社会发生了很大的变化。2019年关于性暴力的无罪判决接连发生,以北原美纪[*15]和松尾亚纪子[*16]为中心,开始了鲜花示威。之后,此前被判无罪的四起案件中,有三起改判有罪。2022年1月,性虐待15岁养子的父亲被判18年有期徒刑,检方还提到了受害者和支持者的示威:"从事刑事司法工作的每一位法律界人士都必须牢记,一般社会对刑事司法的审视是很严厉的。"

田岛　在法庭上提到这些的确罕见。看来民众的声音的确在改变着社会。

阿尔　今年（2022年）也有来自电影界和戏剧界的性暴力告发，原为自卫官和原为舞妓的女性也在发声。

田岛　那些被捂嘴的女性都开始发声，这是一个重大变化，社会真的在进步。

阿尔　我想诗织女士的告发和#Metoo运动鼓励了很多人。但与此同时，发声的女性也遭到了严重的抨击。诗织女士被人指责沽名钓誉、枕营业、仙人跳、反日左翼……因为各种流言蜚语和诽谤中伤，她甚至无法待在日本了。

田岛　因恶意抨击而流离失所，这种事真的不可原谅。

阿尔　所以，表现出"不让有勇气和觉悟发声的她们孤单一人"的团结，就是我们能做的事吧。诗织女士告发后，我无论是睡着还是醒着都在想她的事，这也是制作"行动的旁观者"视频的契机。

田岛　原来是这样啊。因为有很多像你这样，想要与她们团结起来的人，才可以说时代在进步吧。

阿尔　我总是怀有"如果我们这代人再多做些斗争，是不是就能阻止侵害的发生了"的后悔心情。在我年轻的时候，即使遭遇性侵犯也只能忍受，只顾着在男权社会中拼命生存，根本没有发声的余裕。尽管如此，我还是无法摆脱后悔的心情。我认为到死都要承受这种悔恨就是自己的责任。

每个人都有改变社会的力量

田岛　我上津田塾大学的时候，回家路上，从大学到车站要路过太宰治自杀的那条河，有个总是露出下半身的男人会在那里出没。

阿尔　好恐怖！会让人觉得像亡灵。

田岛　因为知道那个男人可能会出现，所以一般都是和同学一起回家，不得不自己回家的时候真的心里觉得很不舒服。不过，也不知道到底该怎么办才好。当时完全没想到要报警。

阿尔　当时还没有"痴汉"这个词吧？

田岛　有是有，不过当时这种行为并不被认定为犯罪。毕竟"汉"这个字读"OTOKO"[35]嘛。OTOKO这个字基本都是用于褒义的词，比如正义汉、热血汉之类的。

阿尔　小川玉香女士在《在所谓的指控周围》(*17)中写过，20世纪80年代面向男性的杂志曾制作过《偷偷当痴汉的方法》特辑。其中有"摸美女的诀窍"之类的内容，还有更容易实现

---

[35] 和"男"同音。

痴汉行为的路线信息。正因为有了这种把痴汉当作娱乐消费的文化，日本才被称为"色狼天国"。在国外，"CHIKAN"这个词是广为人知的，甚至有些国家的政府会提醒国民"去日本的人要小心痴汉"。

田岛 把女性物化到这种程度的男性文化实在是太过分了，简直令人作呕。最近出了一本讲痴汉其实是依赖症的书[*18]。因为这是病，所以应该接受治疗。在这种情况下，却还有人说"日本性犯罪很少，是个安全的国家"。

阿尔 日本性犯罪实际的案件数远比公开的数据要多得多。据信，遭受痴汉骚扰的人报案率不到一成，所以实际案件数是公开数据的10倍以上；强奸受害者的报案率不到5%，实际案件数是公开数据的20倍以上。另外，不同国家的统计方法也不一样。例如，在瑞典，强奸发生一次就算作一起。如果是被近亲长年多次强奸的情况，就不能算作一起，而是按强奸的次数计算。

田岛 也许正因为看到的案件数量很少，所以日本才没有认真对待性暴力问题。虽然也有进步之处，比如有了女性专用车厢。

阿尔 也有人说"女性专用车厢是对女性的优待，是逆向歧视"。

田岛 那是不理解歧视女性是怎么回事的人的发言。之所以需要女性专用车厢，还不是因为有那么多女性都遭遇了痴汉的骚扰。为什么男人可以对女性做出痴汉行为？希望他们好好想想吧。

阿尔 是啊。性犯罪的加害者95%以上是男性，而受害者90%以上是女性。男性受害者大多是未成年的孩子。犯罪临床专家齐藤章佳说，电车内痴汉行为的加害者99%是男性。也就是说，性骚扰男性的也是男性，所以即使设置了男性专用车厢，也无法防止男性遭受性骚扰。我还看到过"如果有男性专用车厢，你会去坐吗？"这样的网络调查，很多男性都回答"太憋屈了，不想去"。就算给他们设置了，他们不也不会去吗？

田岛 有些男人，无论什么事都要说成是"逆向歧视"。连自己需要去学习一下都不明白。这种没救的人就别管他了。

阿尔 一提到性暴力，就容易被人曲解为"男人VS女人"的对立关系，但其实是"善良的市民VS性犯罪者"啊。如果没有痴汉，就不需要女性专用车厢，男性也不用承受可能被冤枉成痴汉的不安。所以我想呼唤所有善良的市民，都高声呼吁"停止痴汉行为""性暴力不可原谅"吧！

田岛 你一直在神户参与"消灭痴汉运动"对吧？

阿尔 是的，首先是2022年1月"要求铁路运营商和兵库县警察加强痴汉对策"的活动。以前网络上就有"共通考试痴汉祭"

之类煽动痴汉将参加大学入学考试的考生作为目标的文章，这已经成为一个社会问题。针对这个问题，兵库县议员喜田结、神户市议员松本诺子、我的女性主义朋友诺拉等人向兵库县警方和关西的各铁路公司提出了"有人在煽动针对考生的犯罪行为，希望加强痴汉对策"的请求。县警和铁路公司接受了她们的请求，加强对策，在推特上也发起了"#消灭共通考试痴汉""#请保护考生"的呼吁，很多人都为此事的扩散贡献了力量。媒体也报道了这次活动，考试前一天，《每日新闻》刊登了一篇报道。"#痴汉祭"的话题上了热门，一下子就传开了。

田岛 太棒了。市民、议员、网络和媒体的力量共同推动了社会的进程。

阿尔 在那之后，神户市交通局还制作并张贴了"消灭痴汉"的海报，增加了女性铁路警察，一直在推进各种痴汉对策。

田岛 真是了不起的成果啊。神户市的举措也很出色。但是其他地方政府还很落后，不是吗？现在还有呼吁让受害者注意的海报呢。应该提醒的明明不是"小心痴汉和偷拍"，而是"停止痴汉和偷拍行为"。

阿尔 说得太棒了！其实不久前神户也是这样的。但在喜田女士和松本女士等人的推动下，现在市内巴士和地铁车厢里都张贴了"如果遇到痴汉，请不要犹豫，立刻拨打110！"的宣传海报。

田岛　很棒的宣传。只要有人领导，县市就会跟着行动。只要能有一点改变，就很了不起了。

阿尔　通过这次的行动，我切实地感受到了"每个人都有改变社会的力量"，想到被痴汉骚扰的孩子哪怕能少一个也好，我就发自内心地觉得"活着真好啊"。这就是最让我感到幸福的事，参政也是"自尊心的肌肉锻炼（@长田杏奈）"。

田岛　"自尊心的肌肉锻炼"这句话真不错啊。通过参与政治，让社会发生改变，自己也能变得幸福。真是太棒了。

阿尔　神户市的行动，起因是我的女性主义朋友诺拉向关西的各铁路公司提出加强痴汉对策的请求，但没有得到任何回复。之后，她偶然路过喜田女士和松本女士在街头演讲的地方，就对她们说："铁路公司不作为，让人很困扰。"由此引发了很大的风波。这件事让我深切感受到了"议员真厉害"。议员拥有权力，如果不让他们把权力用在帮助有困难的人上，就麻烦了。

田岛　是啊，是有正确的议员使用方法的。像你的朋友一样，先和当地的议员商量一下也是很不错的选择。

阿尔　首先从调查一下自己当地有哪些区议员、市议员、县议员开

始比较好。还有，我通过参加这些活动，在当地结交了很多朋友，很开心。（笑）

田岛 首先，大家应该在各自所在的地方，尝试做些力所能及的事。哪怕是很小的事也可以。因为大家这些小小的行动，累积起来就会带来比现在更好的未来。还有，阿尔特西亚也差不多该考虑去参加选举了吧。

提高投票率的战斗

阿尔 网上签名也属于您刚才说的那种小小的行动。日本奥林匹克委员会会长森喜朗发表歧视女性的言论之后，收到了超过15万人的联合抗议签名，于是森喜朗辞去了会长一职。2020年的《检察厅法修正》和2021年的《入管法修正》，都因为推特上抗议的话题标签运动高涨而被搁置了。

田岛 微弱的声音汇聚起来就能汇合成响亮的声音。这正是民主主义。大家在网络上的行动如此积极，为什么投票率却一直很低呢？2009年政权交替的时候，投票率就是上不去。投票率越低，对善于拉拢组织票的自民党就越有利，所以必须提高投票率。有什么好的策略吗？

阿尔 今年（2022年）的参议院议员选举虽然投票率很低，但也发生了一些让人感觉能看到希望的事。国分寺市就以年轻人为中心，开展了"让国分寺的投票率达到第一"的项目。

田岛 我的确在报纸上看到过相关的报道。具体是怎么做的呢？

阿尔 发起人是一位20多岁的男性，他的朋友因为无法偿还奖学金而想要自杀，以此为契机，他认为"必须改变政治""如果能提高投票率，政治家应该会关注到更多方面的民意"。于是他从两年前开始举办各种提高投票率的活动，比如在车站前开一个可以谈论选举话题的咖啡摊位，或者给去投票的人送冰激凌等。

田岛 做了很多事啊。结果如何呢？

阿尔 成果显著，投票率提高了5%，（在全国有投票权的人在10万人以上的自治体中）排名从第十二名上升到了第三名。

田岛 人们都在积极响应呢。真的是让人感觉看到了希望的事例！如果只有上了年纪的大叔参与政治，那政治真的就只会做对这些老人有利的事情。这样的话，年轻人是不可能过上满意的生活的。希望大家都能积极地赞扬和支持从事这种活动的年轻人，让这样的年轻人越来越多。

阿尔 这样的人再多也不嫌多。

成立单一问题政党的作战

阿尔 是谁把日本变成现在这样的"地狱日本"的？肯定还是自民党吧。民主党政权只维持了短短三年。立宪民主党中也有像辻元清美[*19]、打越咲良[*20]、吉田晴美[*21]等我支持的议员。但是立宪民主党越来越右倾了，说实话，那样不就变成大叔的党派了吗？真正能推进性别平等的是共产党，但难以想象共产党会取得执政权……虽然这些只是我单纯在发牢骚，但是田岛老师觉得该怎么做才好呢？

田岛 如果立宪民主党的女性议员们，辻元女士、打越女士、吉田先生和共产党的田村智子[*22]女士、吉良女士、池内女士、池川女士等人一起，再加上新议员阿尔特西亚女士，共同成立"年轻人党""社会改革党""女性儿童党"之类的组织，去解决年轻人、女性、儿童的问题，解决那些没有得到充分重视的奖学金、工资、贫困问题就好了。最理想的状态是能有一个可以彻底解决性别问题、年轻人和儿童的贫困问题的政党。

阿尔 就像瑞典的女权主义倡议党，或者韩国的女性党派那样吗？

田岛 怎么说呢。以日本的情况来说，女性主义者以前被误解得那么严重，如果想成立女性主义党派，可能很难。

阿尔　的确，毕竟这里是男尊女卑的"地狱日本"。那么如果成立性别平等党之类的呢？

田岛　那一定要取个好的党派名称，把性别问题、年轻人和儿童的问题彻底解决。比如可以定下要实现的五个目标，然后制订相关的政策方案，制定法律，并让其全部通过。等做到了这些以后，把这个党派解散就行了。

阿尔　是单一问题政党？

田岛　没错。"这项法律出台后就解散"，这不是很好理解嘛。如果把很多问题混到一起，各种想法就会互相冲突，所以要建立单一问题政党。虽然大家针对国防等其他领域有不同的见解，但这个党除了性别和性别歧视的议题以外都不主张。那样的话可能会发展得很顺利。

阿尔　不知道有没有人能成立一个这样的党派。

田岛　就你来吧。

阿尔　我不行，首先我品行不好。如果有选民在选举期间骚扰我，我会直接揍他一顿。

田岛　没关系。在这个过程中，因为想要获得更多票数，自然而然就会慢慢成熟起来的。

阿尔　真的会成熟起来吗？（笑）我身边有田智女士——共产党的田村智子——这样高人气的人呢。我主持的《没有痴汉的谈话场 3　从政治展开的 sisterhood！》[*23] 节目她也参加了，我周围的女性都说"希望田智能当党首"。

田岛　那让田村女士来领导这个单一问题政党不就挺好的吗？

阿尔　我觉得她肯定不会来的。（笑）

田岛　不问问怎么知道。可以开出"法律出台后就可以回共产党了"的条件试试。

阿尔　说这种擅作主张的话会不会不太好呢？

田岛　我觉得值得聊一下试试。你身边还有其他有人气的女性政治家吗？

阿尔　虽然现在不是议员，但是众议院前议员池内沙织女士也很有人气呢。她非常关心性暴力和性别歧视的问题，也有很多年轻的支持者。还有，很多人都说自己"因为池内女士才加入了共产党"。不过她在 2021 年众议院议员的选举中落选了。

田岛　为什么会落选呢？是投票的人太少了吗？

阿尔　不是。池内女士虽然在惜败率比例上是第一位，但是根据党内自己的规则，比例排名是第三位，所以落选了。就算再怎么提倡"增加女性议员"，如果总是优先选择现任的大叔，女性议员也不会增加吧。

田岛　既然池内沙织女士没有瑕疵或者过错，那让她担任议员又怎么了呢？明明说着"性别平等"，但实际行为太过分了吧？！

尾巴都露出来了。不能光说不练，必须认真推进才行。如果实行配额制的话，在这种情况下会优先选择女性吧。

阿尔　西原孝至导演的纪录片《百年与希望》中也认真探讨了这个问题，小池晃先生也说"必须将其作为党的课题来考虑"。既然有这样愿意接受批评的态度，应该可以推进吧。这和那些"被批判了就去打官司"的党派大不相同。毕竟俗话说"以维新为镜可以吸取教训"[36]嘛。

田岛　咦，有这句俗话吗？（笑）

为了女性主义能向前发展

田岛　一说到女性主义，总感觉好像都是中老年女性在努力。但是，我觉得你的语言可以吸引年轻人。感觉就像是直接在和读者对话，会使用这种语言的女性主义者很少，所以希望你继续努力。希望你能把这种优势用在选民身上。我觉得你很有希望。

阿尔　谢谢……（哭）借您吉言，我收到了很多年轻读者的热烈反

---

[36] 原文为"維新のふり見て我がふりなおせ"，是化用了日本俗语"人の振り見て我が振り直せ"。

馈。有个读大学的女孩说："看了阿尔老师的专栏以后，开始对女性主义和政治产生了兴趣，第一次去投票了。"前几天，还有一个初中男生对我说："虽然不知道女性主义是什么意思，但看了你的专栏后，我发现自己也是个女性主义者。"

田岛 真了不起啊。在我们那个时代，大家都忙于自己的研究和活动，根本没有时间考虑"怎么做才能传达给别人"。所以我认为女性主义的接力棒并没有很好地传递下去。

阿尔 上野千鹤子女士的《女性主义开辟的道路》(*24)中有一段让我印象深刻的内容。1998年出版的小林善范[37]的漫画《新傲慢主义宣言SPECIAL战争论》非常畅销。上野女士在做慰安妇主题的演讲时，一位读小林善范作品的男学生对她说："这和我所了解的慰安妇完全不一样。"上野说："我也在写书，你可以看一下我的书吗？"结果他反问："老师们的朋友里就没有会画漫画的人吗？"

田岛 但是，上野女士也出版了很多通俗易懂的书吧。特别是从东大离职之后，那势如破竹的工作劲头太让人佩服了。

阿尔 不管是上野女士还是田岛老师都很厉害。不知道我到了那个年纪还能不能工作……现在天一黑眼睛就不太看得清东西，

---

[37] 1953年出生，日本右翼漫画家。

而且连三秒前的事都记不住了。

田岛 那就去睡觉好了。（笑）

阿尔 说到漫画，以女性主义和性别为主题的作品其实也不在少数。《凡尔赛玫瑰》[*26]也是女性主义作品，萩尾望都[*27]、山岸凉子[*28]、大岛弓子[*29]的作品也都拥有女性主义的内核。吉永史的《大奥》《全都因为爱》和楠本真纪的《红白橡子》都是从正面描写性别和女性主义主题的，最近读的漫画里比较好的是 Ymaji Ebine 的《女孩身处的世界》……我能说上三天三夜呢。（笑）

田岛 嗯嗯。

阿尔 之前，池田理代子老师在访谈中说过："那时的日本完全是男权社会。编辑部里也都是男性。就拿《凡尔赛玫瑰》来说，当初也曾被人用'女孩子对历史不感兴趣，不可能理解的'这种过分的说法全盘否定。女性漫画家的发展很难，到手的稿费只有男性漫画家的一半。即使作品在相同的媒体上发表，同样受欢迎。我问理由，得到的答复是：'女人将来结婚后不是要靠男人来养活自己吗？男人得养活你们，所以稿酬是你们的两倍是理所当然的。'那真是个不得了的时代啊。"[*30]

田岛 电视行业也和漫画行业一样。女性都在逆风中拼死努力。

阿尔 为我开辟道路的前辈说的话，真让我热泪盈眶……《凡尔赛玫瑰》中的奥斯卡说过这样一句话："应该获得自由的不仅是心灵！！人类的每根手指、每根发丝，都应该在神明的光芒之下平等而自由。"[*31] 小时候，这句话不知给了我多大的勇气。我觉得是漫画和书教会了我自由和平等。

田岛 虽然当时没有"女性主义"这个词，但因为有这些表达女性主义的作品，还是把它传达给了很多人。

阿尔 最近几年，各个领域都涌现出了很多女性主义主题的作品。以担任《Etcetera VOL.2 特集：We ♥ Love 田岛阳子！》责任编辑的柚木麻子、山内麻里子的作品为代表，出版了很多女性作家创作的性别和女性主义主题的小说，国外的女性主义作品也有很多被翻译出版。电影和电视剧方面也涌现了一大批受到热议的话题之作。

田岛 女性主义的风气开始吹响日本的各个角落了。正因为女性主义作品有人气，所以才越来越多的吧。

阿尔 经常有人问我："自己能做些什么来推动女性主义的发展呢？"我觉得支持这样的作品也是一种很棒的推动吧。买作品阅读，写评论，发表感想，转发和点赞。这样一来，"现在这样的作品很受欢迎"这件事不就变得可视化了吗？媒体高层的大叔们也会说："如果能赚钱的话，就通过企划吧。"

田岛 嗯嗯。"如果能赚钱的话"，这是那些大叔最容易理解的事。

和男性化妆品的道理一样。

阿尔　对金钱的味道很敏感的大叔们，会根据能不能赚钱来判断。如果女性主义作品越来越多的话，我想也能推进社会整体的进步。

田岛　也许就有人会在网上看了别人写的感想后觉得"很有意思，买吧"。每个人都能像这样去支持这些作品的话，女性主义的接力棒就能传递下去了。自己的生活方式，以及在了解了女性主义之后生活方式发生了怎样的改变什么的，如果女性能有更多讲述自己生活的机会就好了。不过也可能（早就有了）只是我没看到吧。

田岛老师与二阶堂富美的对谈太棒了

阿尔　对了，最近田岛老师和二阶堂富美[*32]的对谈，真是太让人热血沸腾了！

田岛　她也是个很了不起的人呢。是比其他人更超前的人。

阿尔　拥有很高人气的演员和田岛老师对谈，聊女性主义，真的让人忍不住感慨"太了不起了……"。你们还聊到了政治和慰安妇的问题，我想这是非常需要勇气的。

田岛　我想她是做好了会被抨击的觉悟才和我聊这些的。她是个很有胆量的人，是真正的女性主义者。

阿尔 二阶堂女士是读了田岛老师的书以后，提出希望和您对谈的要求的吧。而且她还负责造型和摄影。Vivienne Westwood 的衣服非常时髦，太棒了！

田岛 我记得她好像给我穿了一双很厉害的木鞋。把我吓了一跳。她把所有的衣服都拿过来拍摄了。我应该是在晨间剧里知道她的吧。虽然知道她当过红白歌会的主持人。（笑）我经常上电视那会儿，演员们在电视台的走廊里和我擦肩而过的时候，都会避开我。而现在像她这样的演员会直接点名要和我合作，还可以发表那么多言论，时代真的变了啊。

阿尔 在国外，艾玛·沃特森、Lady gaga、泰勒·斯威夫特、爱莉安娜·格兰德等很多名人都宣称自己是女性主义者，或者赞同女性主义。如果自己憧憬的大明星骄傲地宣传"嘿，我是女性主义者！"的话，少女们也会因此获得力量吧。以本尼迪克特·康伯巴奇[*33]和丹尼尔·拉德克利夫为首，积极投身女性主义的男性也非常多。

田岛 在日本的娱乐界，除了二阶堂富美，还有谁呢？

阿尔 说到发表支持女性主义观点言论的人，一下子想到的是水原希子、渡边直美、小泉今日子、SHELLY、搞笑艺人芭比、原 ANGERME 成员和田彩花、原 AKB48 成员横山由依……

能想到的都是女性。

田岛　我和SHELLY一起录过节目。我记得水原希子好像告发了电影制片人对吧？

阿尔　没错，她告发了。针对性歧视和性暴力，女性只要发出声音就会受到抨击，但是男性即使说同样的话也不会被人抨击，这样的现象不是很普遍吗？不管是二阶堂还是水原，都是抱着接受抨击的觉悟在发声，希望男性也能学习她们这种勇气，贡献自己的力量！

日本女性变得愤怒了（#我们太宽容了）

阿尔　听比我年长的女编辑和记者说："几年前提及女性主义和性别平等相关的企划根本都没办法通过，这几年变化真大。"她们在男性社会里就像那个毅力萝卜[38]一样努力，把接力棒传递下来了。

田岛　感觉女性主义会在这个时代一下子扩散开来。如今女人们的愤怒都已经到嗓子眼了。大家都充满了自豪感和权利意识。

---

[38] 2005年，人们发现兵库县相生市人行道的柏油路上长出一个萝卜，引起轰动，之后当地还为它制作了吉祥物"毅力萝卜阿大（ど根性大根　大ちゃん）"。

因为已经走到这里了。我现在只希望国会的女议员占比能尽快达到1/3。我想看到世界发生翻天覆地的变化。

阿尔　前段时间，推特上掀起了一场名为"#我们太宽容了"的话题运动。针对不结婚的人数增加，自民党的政治家发表了"女性对男性要更加宽容"的荒唐言论，这就是这场运动的契机。这个人2019年针对少子化问题说"希望大家都能够生三个孩子"而被批判过。

田岛　哈……居然现在还在说这种话吗？真是不像话。

阿尔　他是侏罗纪出生的吗？像这样的政治家真是太多了。

田岛　原本日本女性就已经太过唯命是从了。日本女性是全世界女性中最不会生气的，所以也就是在全世界最被轻视的。

阿尔　和国外的女性相比，日本女性的声调高，更会附和对方。这种对别人说"原来是这样啊，好厉害"的服务意识已经根深蒂固了。正因为如此，在日本，"女人总是要面带笑容、和蔼可亲"的诅咒尤为强大。顺便说一下，在法国和德国，不知所谓地微笑的女性会被认为是傻瓜。

田岛　终于，日本的女性也变得愤怒了。大家开始意识到自己对人太客气了。这难道不是历史性的转折点吗？

阿尔　是吧。我在20多岁的时候读了田岛老师的书，意识到"我会生气真是太好了"。二十年之后，如今20多岁的孩子们读了我的专栏，也会跟我说："我意识到了，自己会生气真的太好了。"

田岛 你就这样把接力棒传递下去了。我也从中感受到了自己付出努力的意义。

阿尔 之前我从一个读者那里收到了这样的私信：

"我是刚刚进入社会两年的公司职员。男上司一直对我说：'你看起来不像个女人。''你这种人连痴汉都没兴趣。'前几天我终于反驳他：'我觉得很受伤，请您不要再说那种话了。'因为读了阿尔老师的专栏后，我明白了'如果别人对自己说了失礼的话，生气也没关系'，所以就采取行动了。如果没有读您的专栏，我想我会因为纠结'是不是不该为这种事生气'而不采取行动。上司好像没想到我会因此感到受伤，向我道歉了。现在我能有精神地工作，都要感谢阿尔老师。"

读完这些，我不由自主地哭了呢……

田岛 嗯，真好啊。能看到人生的希望了。没错，完全可以生气。我上电视节目的那个年代，女人是不会生气的，所以我遭到了全日本的抨击。但女人毕竟也是人。

阿尔 遭受无理的对待之后会生气，是拥有自尊心的证据吧。教会我这件事的正是田岛老师。感谢您让我看到生气的女人的样子。

田岛 女性主义属于人权的议题，因此我开始意识到"自己不是一个该被这么残忍对待的人"。所以，你可以为愤怒的自己感到骄傲。能生气，说明你拥有相应的感性、知性和能力。

阿尔 可以为愤怒的自己感到骄傲……这句话真是太伟大了。我想把它文在手臂上，也想刻到墓碑上。在介绍《我的疯狂女性主义者女友》这本书的专栏文章中，我写过这样一段话："胜俊所说的'普通女孩'，对男人来说，就是可以随意对待的女人，是适应并懂得男权社会的女人。即使被关在笼子里也毫无怨言，对主人尽心尽力，总是笑得很开心的女人。/ 喊出'你理解不了吗？！我的忍耐已经到极限了，Time's Up！！'打破牢笼，变成女性主义者的她，应该感受到了很多痛苦吧。/ 但总比被打了也装作不疼的样子笑着要好得多。/ 我们应该有获得自由的喜悦。应该有活出'自己'的实感。"[*34]

田岛 是的，迄今为止，很多女人都是即使痛苦也忍耐着。觉察到自己的痛苦并发出声音，就是"活出自己"。

阿尔 这正是"为了我自己、为了我能生存的女性主义"。女性主义拯救了女性，将女人们团结到一起。我今天又一次感受到了这一点，感觉自己又变得有活力了。真的非常感谢！

田岛 我也是，我也要谢谢你。我听了很多令人吃惊的故事，很开心。听完你说的话，我第一次发自内心地想变得年轻。虽然我最近一直忙于香颂音乐会和书法艺术个人展，但阿尔特西亚参加选举的时候，我一定会去为你加油的，到时候通知我吧。你是可以成为党首的人。"天照党"也好，"辉夜党"也好，请创建党派并成为党首吧。我支持你。请快点让我看到变化的日本。尽管也许还有一座又一座的高山要翻越，但女性在社会中崭露头角的速度是惊人的，女性的自由度也在稳步提高。这样一来，社会也会逐渐开始关注儿童的人权。背负着日本未来的就是这些孩子。如果在女性人权得到尊重的同时，儿童人权也能得到尊重就好了。

第 5 章 注释

*1 **上野千鹤子** 1948 年出生，女性主义者、社会学家。著有《厌女》(《女ぎらい》, 纪伊国屋书店→朝日新闻出版，2010 年初版)、《女生怎样活？上野老师，教教我！》(《女の子はどう生きるか教えて、上野先生！》, 岩波书店, 2021 年) 等。

*2 **小仓千加子** 1952 年出生，心理学家、女性主义者、保育教师。著有《结婚的条件》(《結婚の条件》, 朝日新闻社, 2003 年)、《草丛里的高跟鞋 从内到外的欲望》(《草むらにハイヒール 内から外への欲求》, 伊索社, 2020 年) 等。

*3 **斎藤美奈子** 1956 年出生，文艺评论家。著有《妊娠小说》(《妊娠小説》, 筑摩书房, 1997 年)、《挑逗的少女小说》(《挑発する少女小説》, 河出书房新社, 2021 年) 等。

*4 **田房永子** 1978 年出生，漫画家。著有《男权社会好辛苦 痴汉、育儿和网络暴力》(《男社会がしんどい ～痴漢だとか子育てだとか炎上だとか～》, 竹书房, 2020 年)、《想改变暴怒的我 直到变成不会对丈夫拳脚相加的妻子为止》(《キレる私をやめた～い夫をグーで殴る妻をやめるまで～》, 竹书房, 2016 年) 等。

*5 **《上野老师，请从零开始教我女性主义吧！》**(《上野先生、フェミニズムについてゼロから教えてください！》, 大和书房, 2020 年)。两人针对母女问题和婚姻、生育、育儿、女性主义等问题展开交流的对谈集。

*6 出自《上野老师，请从零开始教我女性主义吧！》第 160 页。

*7 出自《以爱为名的支配》第 238 页。

*8 出自《遇到女性主义后变得想长寿了》第 339 页。

*9 **列夫·托尔斯泰** 1828—1910 年，俄国文学家、思想家。著有《战争与和平》《安娜·卡列尼娜》等。

*10 托马斯·曼 1875—1955 年，德国作家。著有《布登勃洛克一家》《托尼欧·克洛格》等。

*11 居伊·德·莫泊桑 1850—1893 年，法国作家、诗人。著有《一生》《羊脂球》等。

*12 亨利克·易卜生 1828—1906 年，挪威剧作家、诗人。著有《玩偶之家》《布朗德》《培尔·金特》等。

*13 石川优实 1978 年出生，演员，社会活动家。著有《#KuToo—从鞋子开始思考真正的女性主义》(《# KuToo（クートゥー）：靴から考える本気のフェミニズム》, 现代书馆, 2019 年)、《我再也不会读空气了》(《もう空気なんて読まない》, 河出书房新社, 2021 年)。

*14 出自《已经不能再做"女人"了》第 54 页《夺回自己的脚》。

*15 北原美纪 1960 年出生，作家、社会活动家。著有《日本的女性主义》(《日本のフェミニズム》, 河出书房新社, 2017 年)、《不像梅勒斯一样奔跑 女人的友情论》(《日本のフェミニズム》, Best Sellers, 2014 年) 等。

*16 松尾亚纪子 1977 年出生，编辑，女性主义专门出版社 etc. books 的法人代表。

*17 《在所谓的指控周围》(《告発と呼ばれるものの周辺で》, 亚纪书房, 2022 年)。

*18 《男人成为痴汉的理由》(《男が痴漢になる理由》, 伊索出版社, 2017 年)。

*19 辻元清美 1960 年出生，日本参议院议员。

*20 打越咲良 1968 年出生，日本参议院议员。

*21 吉田晴美 1972 年出生，日本参议院议员。

*22 田村智子 1965 年出生，日本参议院议员。

*23 "没有痴汉的谈话场 3 从政治展开的 sisterhood！"链接：https://www.

youtube.com/watch?v=q2wbOqCoUN4)。

*24 《女性主义开辟的道路》(《フェミニズムがひらいた道》, NHK 出版, 2022 年)。该书详细讲解了第 1~4 次女性主义浪潮。

*25 出自《女性主义开辟的道路》第 83—84 页。

*26 《凡尔赛玫瑰》池田理代子创作的漫画。以法国大革命时期的凡尔赛宫为背景,是基于史实创作的虚构作品。

*27 萩尾望都 1949 年出生, 漫画家。著有《托马的心脏》(《トーマの心臓》, 小学馆,多卷本)、《波族传奇》(《ポーの一族》, 小学馆, 多卷本) 等。

*28 山岸凉子 1947 年出生, 漫画家。著有《日出处天子》(《日出処の天子》, KADOKAWA, 多卷本)、《青青的时代》(《青青の時代》, 讲谈社, 多卷本) 等。

*29 大岛弓子 1947 年出生, 漫画家。著有《香蕉面包布丁》(《バナナブレッドのプディング》, 白泉社, 多卷本)、《绵之国星》(《綿の国星》, 白泉社, 多卷本) 等。

*30 《妇人公论 jp》2020 年 10 月 8 日刊登。(https://fujinkoron.jp/articles/-/6730)

*31 出自《凡尔赛玫瑰》(《ベルサイユのばら》, 集英社文库, 2013 年) 第 4 卷第 315 页。

*32 二阶堂富美 1994 年出生, 演员、摄影师。在 ELLE 杂志上发表了与田岛老师的对谈。(前篇：https://www.elle.com/jp/fashion/fashion-column/a39962288/focus-on-vol17/) 2022 年 5 月 24 日刊登,（后篇： https://www.elle.com/jp/fashion/fashion-column/a39964892/focus-on-18/) 2022 年 6 月 6 日刊登。

*33 本尼迪克特・康伯巴奇 1976 年出生, 英国演员。

*34 《男人和女人, 谁才是疯了的那个？》2022 年 7 月 1 日发布。(https://www.gentosha.jp/article/21271/)

每个人都是从自己的经历出发去谈论女性主义的。即使不知道"女性主义"这个词，也没有专门学习过。因为最重要的是自己想要怎样活着。坚持贯彻自己想要的生活方式，就能触及女性主义的精髓。

田岛阳子

田岛老师救了我

遭受无理的对待之后会生气,是拥有自尊心的证据吧。教会我这件事的正是田岛老师。感谢您让我看到生气的女人的样子。

阿尔特西亚

致田岛老师

和老师对谈的时候还是夏天，一转眼已经到冬天了。人到中年以后，真是感到光阴似箭啊。

去跟自己尊敬的前辈谈论女性主义，我只能称之为"蛮勇"，但能和老师聊女性主义真的很幸福。如果告诉十几岁的我，她会是什么表情呢？我想她一定是满脸狐疑，不屑地回应："啊？你在说什么呢，还有大婶你是谁啊？"因为当时的我所经历的人生太过艰难，时刻都在诅咒着这个世界。

和老师一样，我也因为想获得母亲的爱却得不到而悲伤。想爱母亲却不能去爱让我很痛苦。我 33 岁的时候，母亲差点因为厌食症死掉，进了医院。母亲在 ICU 病房里时，身上插满管子，瘦得像木乃伊，神志不清，管我叫"中曾根先生[39]"。我一边学着中曾根先生的样子说"噢，总统[40]，我可以叫你罗恩吗？"，一边想"如果是现在的母亲的话，我可以爱她"。因为已经虚弱到奄奄一息的母亲不会伤害我。

在我小时候，母亲是个性格要强的美女，总是和父亲吵架。她

---

[39] 指中曾根康弘，1918—2019 年，政治家，日本第 71—73 任内阁总理大臣。
[40] 指美国第 40 任总统里根。

还得意地说："婚礼的礼服是我自己设计的，白无垢[41]不适合我。"新娘的白无垢有"像染上对方的颜色一样，雪白出嫁"的寓意，角隐[42]则有"把象征愤怒的棱角隐藏起来，成为顺从、娴静的妻子"的含义。任性又强势的母亲不会被对方的色彩所染，也不会隐藏自己的棱角。那是因为她有自我，明明有自我却无法自立，简直如同活在地狱里一般吧。

就像我在对谈中说的那样，一位20多岁的女性朋友的母亲，读了老师的书后决定离婚。她离开了有情感暴力的丈夫，从这段地狱婚姻中走了出来，说自己现在的幸福都是托老师的福，非常感谢田岛老师。

我还从另一个20多岁的女性朋友那里听到了这样的故事：她是所谓的宗教二代，为了逃避强加于自己的信仰，18岁时就离家出走了。她的母亲遵守宗教教义，作为一个贤妻良母，不管家务还是育儿都做得面面俱到，对情感暴力的丈夫尽心尽力，还热心宗教活动，经常疲惫不堪。那位母亲在开始打零工以后，凭借着在宗教劝导中锻炼出来的营销能力，成功签下了很多合同，成了正式员工。她说："妈妈现在工作很卖力，和公司的同事相处得也很好。听说

---

[41] 纯白的和服，现在一般用作日本传统婚礼中的新娘礼服。

[42] 白无垢中的头部装饰，用来围住新娘的头发和前额。寓意隐去新娘的角，收起自己的小脾气，从此做一个好妻子。

因为妈妈赚钱了,爸爸也变老实了,我第一次看到妈妈这么健康快乐的样子。"后来她母亲不再谈论宗教话题,母女之间也能正常交往了。

我听了她讲的这些,觉得很不甘心。像我这样的人,光是照顾自己就已经忙得不可开交了,能同时处理家务、育儿、宗教等多重任务的母亲,一定是非常优秀的女性吧。而能够让这样的女性获得认可的地方竟然只有宗教。如果出生在女性也能工作自立的时代,她母亲的人生就会完全不同。母亲们都是被关在父权家长制牢笼里的受害者。被母亲折磨的孩子也是受害者。我从老师的书里学到了这些,被拯救了。

如果我妈妈也能读到老师的书的话……虽然我忍不住这样想,但她是个不读书的人。我不记得她给我读过绘本,家里连书架都没有。我从图书馆借了很多书来读,是这些书培养了我。

之后,以老师的著作为契机,我开始阅读女性主义相关的书,最终成了现在的我。从某种意义上说,女性主义者前辈们对我来说就是想象中的母亲。"我不记得生过这样的女儿!"也许有人会这么说吧,其实我在母亲的葬礼上没有哭,但是在老师的葬礼上,我一定会哇哇大哭吧。对不起,说了不吉利的话。

我喜欢老师能够堂堂正正地生气。对谈的间隙,我听到老师喃喃自语地说:"最近都很老实,是不是该吵一架了。"这一幕给我留下了深刻的印象。简直就像传说中的女老大一样，太让人钦佩了。

要说其他喜欢的地方根本说不完，但我最喜欢的还是您看起来总是很快乐的样子。60岁以后开始学习香颂；70岁以后开始学习书法，办音乐会和个展；80岁时再次学习交谊舞，还在音乐会上跳舞。不仅如此，还会在散步的时候结交狗友，把狗狗的名字用本子记下来。看着开着鲜艳的橙色车子、穿着时尚的前辈，我觉得"当一个女性主义者真有意思！"。

我也想像老师那样享受人生，希望能让女性主义者的形象变得自由、愉快、积极。否则女性主义就无法前进。我想把老师传给我的接力棒再传递给下一代。

"和你聊天，我第一次想变得年轻了。"
"你可以为愤怒的自己感到自豪。"

老师对我说的话，都成了我的宝物。谢谢您鼓励我。不管是以前还是以后，我都非常喜欢您。

2022 年 12 月 阿尔特西亚

田岛阳子的书

《电影里的女主角为什么被杀》(《フィルムの中の女：ヒロインはなぜ殺されるのか》，新水社，1991 年)

《新版 女主角为什么会被杀》(《新版 ヒロインは、なぜ殺されるのか》，KADOKAWA，2023 年)

《以爱为名的支配》(《愛という名の支配》，太郎次郎社，1992 年，目前由新潮文库发行)

《已经不能再做"女人"了》(《もう、"女"はやってられない》，讲谈社，1993 年)

《尽情恋爱吧——我的体验式恋爱论》(《恋をしまくれ 私の体験的恋愛論》，德间书店，1994 年)

《所以，那又如何！——史上最强的田岛语录》(《だから、なんなのさ！ 史上最強の田嶋語録》，朝日电视台，1995 年)

《田岛阳子与人生的前辈一起思考 女人的晚年》(《田嶋陽子が人生の先達と考える 女の大老境》，Magazine House，1997 年)

《所以，女人不指望"男人"》(《だから、女は"男"をあてにしない》，讲谈社，2002 年)

《不能继续只把政治交给男人了》(《もう男だけに政治はまかせられない》，Oakla 出版，2003 年)

《女人因爱而愚蠢》(《女は愛でバカになる》，集英社 be 文库，2003 年)

《田岛阳子的人生歌曲》(《田嶋陽子の我が人生歌曲》，田岛阳子女性学研究所，2012 年)